Library; **199**rouslan. 123rf.com/Pearson Library; **199**Maryna Pleshkun. Shutterstock/Pearson Library; **199**Alex Hinds. Shutterstock/Pearson Library; **199**A3pfamily. Shutterstock/Pearson Library; **199**Geza Farkas. Shutterstock/Pearson Library; **212**R. Gino Santa Maria. Shutterstock/Pearson Library; **212**Nicholas Piccillo. Shutterstock/Pearson Library; **212**Germany Feng. Shutterstock/Pearson Library; **212**Gelpi JM. Shutterstock/Pearson Library; **236**Sean Locke Photography. Shutterstock/Pearson Library; **236**Lucky Business. Shutterstock/Pearson Library; **237**MicroOne. Shutterstock/Pearson Library; **240**Africa Studio. Shutterstock/Pearson Library; **239**stockbroker. 123rf.com/Pearson Library; **239**Iakov Filimonov. Shutterstock/Pearson Library; **239**J5M. Shutterstock/Pearson Library; **240**gudak. Shutterstock/Pearson Library; **240**EpicStockMedia. Shutterstock/Pearson Library; **240**123rf.com/Pearson Library; **239**Peeradon payakpan. Shutterstock/Pearson Library; **251**Dziewul. Shutterstock/Pearson Library; **275**iofoto. Shutterstock/Pearson Library; **275**Shutterstock/Pearson Library; **277**Jay Ondreicka. Shutterstock/Pearson Library; **277**Nate Allred. Shutterstock/Pearson Library; **277**loren62. 123rf.com/Pearson Library; **277**Frank L Junior. Shutterstock/Pearson Library; **277**cicloco. 123rf.com/Pearson Library; **284**Jules Selmes. Pearson Education Ltd/Pearson Library; **284**AlekseyKarpenko. Shutterstock/Pearson Library; **284**Alexey Stiop. Shutterstock/Pearson Library; **284**RRice. Shutterstock/Pearson Library; **284**m. wolf. Shutterstock/Pearson Library; **294**LiliGraphie. Shutterstock/Pearson Library; **294**Stepanek Photography. Shutterstock/Pearson Library; **294**mydegage. Shutterstock/Pearson Library; **294**michaeljung. Shutterstock/Pearson Library; **294**ewastudio. 123rf.com/Pearson Library; **294**acceptphoto. Shutterstock/Pearson Library; **311**123rf.com/Pearson Library; **311**ann24precious. 123rf.com/Pearson Library; **311**swavo. 123rf.com/Pearson Library; **311**wavebreakmedia. Shutterstock/Pearson Library; **327**Bilanol. Shutterstock/Pearson Library; **327**Jules Selmes. Pearson Education Ltd/Pearson Library.

الشكر والتقدير لـ: ملاك عبيد، هالة صادق، منى فليفل، هنا قصّاص، حنان القاعي.

نتقدّم بجزيل الشكر إلى مؤسّسة الفكر العربيّ على ما بذلته من جهود عبر مشروعها "عربي21"، في تصنيف نصوصنا بحسب معايير "عربي 21" وهنادا طه. هذه المعايير التي تراعي المستوى الإنقرائيّ باللّغة العربيّة لدى الأطفال والناشئة وتسمح بتحديد مدى ملاءمة كلّ نصّ لمستوى التلميذ القرائيّ.

شكر وتقدير

11zolotaosen. 123rf.com/Pearson Library; **27**robcocquyt. Shutterstock/Pearson Library; **27**Anna_Pustynnikova. Shutterstock/Pearson Library; **27**racorn. Shutterstock/Pearson Library; **27**Bonita R. Cheshier. Shutterstock/Pearson Library; **27**Bonita R. Cheshier. Shutterstock/Pearson Library; **28**Anetlanda. Shutterstock/Pearson Library; **28**Andresr. Shutterstock/Pearson Library; **31**kondrytskyi. Shutterstock/Pearson Library; **31**Dr.G. Shutterstock/Pearson Library; **31**brenken. 123rf.com/Pearson Library; **31**Alta Oosthuizen. Shutterstock/Pearson Library; **46**marino bocelli. Shutterstock/Pearson Library; **46**niserin. 123rf.com/Pearson Library; **46**Andrey Yurlov. Shutterstock/Pearson Library; **47**Konstantin Yolshin. Shutterstock/Pearson Library; **47**niserin. 123rf.com/Pearson Library; **47**micchaelpuche. 123rf.com/Pearson Library; **47**Tetra Images. Shutterstock/Pearson Library; **50**obencem. 123rf.com/Pearson Library; **50**NarongchaiHlaw. Shutterstock/Pearson Library; **50**123rf.com/Pearson Library; **50**Cynthia Farmer. Shutterstock/Pearson Library; **61**TinnaPong. Shutterstock/Pearson Library; **61**Sergey Nivens. Shutterstock/Pearson Library; **61**Olga_i. Shutterstock/Pearson Library; **61**Kapi Ng. Shutterstock/Pearson Library; **62**Africa Studio. Shutterstock/Pearson Library; **62**Fer Gregory. Shutterstock/Pearson Library; **62**EcoSnap. 123rf.com/Pearson Library; **62**antoniodiaz. Shutterstock/Pearson Library; **62**flynt. 123rf.com/Pearson Library; **62**jovannig. 123rf.com/Pearson Library; **62**docstockmedia. Shutterstock/Pearson Library; **63**Oleg Mikhaylov. Shutterstock/Pearson Library; **63**DeeMPhotography. Shutterstock/Pearson Library; **63**Shutterstock/Pearson Library; **80**Shutterstock/Pearson Library; **80**wavebreakmedia. Shutterstock/Pearson Library; **80**BeeBright. Shutterstock/Pearson Library; **80**321598. Shutterstock/Pearson Library; **80**stockbroker. 123rf.com/Pearson Library; **89**DGLimages. Shutterstock/Pearson Library; **92**Oleg Mikhaylov. Shutterstock/Pearson Library; **92**Marius Pirvu. Shutterstock/Pearson Library; **92**KellyNelson. Shutterstock/Pearson Library; **93**RimDream. Shutterstock/Pearson Library; **93**Firma V. Shutterstock/Pearson Library; **93**PAKULA PIOTR. Shutterstock/Pearson Library; **93**DenisNata. Shutterstock/Pearson Library; **95**smileus. 123rf.com/Pearson Library; **95**OtnaYdur. Shutterstock/Pearson Library; **95**sifotography. 123rf.com/Pearson Library; **95**Irina Papoyan. Shutterstock/Pearson Library; **118**adam121. 123rf.com/Pearson Library; **118**Tudor Photography. Pearson Education Ltd/Pearson Library; **118**Alon Othnay. Shutterstock/Pearson Library; **119**Bplanet. Shutterstock/Pearson Library; **119**HL Studios. Pearson Education Ltd/Pearson Library; **119**adam121. 123rf.com/Pearson Library; **119**photobar. Shutterstock/Pearson Library; **119**andreypopov. 123rf.com/Pearson Library; **119**StanislauV. Shutterstock/Pearson Library; **119**SMAK_Photo. Shutterstock/Pearson Library; **120**oliveromg. Shutterstock/Pearson Library; **120**123rf.com/Pearson Library; **121**GJS. Shutterstock/Pearson Library; **121**Felix Mizioznikov. Shutterstock/Pearson Library; **134**spotmatik. Shutterstock/Pearson Library; **134**Yuganov Konstantin. Shutterstock/Pearson Library; **134**Phovoir. Shutterstock/Pearson Library; **134**Levent Konuk. Shutterstock/Pearson Library; **135**BlueOrange Studio. 123rf.com/Pearson Library; **135**iko. Shutterstock/Pearson Library; **137**byrdyak. 123rf.com/Pearson Library; **137**V J Matthew. Shutterstock/Pearson Library; **137**Roman Yanushevsky. Shutterstock/Pearson Library; **137**conneldesign. 123rf.com/Pearson Library; **156**Ambintauris. Shutterstock/Pearson Library; **156**JIL Photo. Shutterstock/Pearson Library; **156**Goodluz. Shutterstock/Pearson Library; **156**glenda. Shutterstock/Pearson Library; **157**Sunny studio. Shutterstock/Pearson Library; **157**wckiw. 123rf.com/Pearson Library; **158**Shutterstock/Pearson Library; **158**123rf.com/Pearson Library; **168**Pat_Hastings. Shutterstock/Pearson Library; **168**jacglad. Shutterstock/Pearson Library; **168**mountainpix. Shutterstock/Pearson Library; **168**Timofeev Sergey. Shutterstock/Pearson Library; **168**Studio 8. Pearson Education Ltd/Pearson Library; **168**zentilia. Shutterstock/Pearson Library; **171**FUN FUN PHOTO/Shutterstock; **172**Webspark. Shutterstock/Pearson Library; **173**Krikkiat/Shutterstock; **173**Sarunyu L/Shutterstock; **174**Claudio Divizia. Shutterstock/Pearson Library; **174**Maram. Shutterstock/Pearson Library; **174**hakfin. Shutterstock/Pearson Library; **175**Andrea Slatter. Shutterstock/Pearson Library; **175**serrnovik. 123rf.com/Pearson Library; **175**gelpi. 123rf.com/Pearson Library; **175**EDHAR. Shutterstock/Pearson Library; **174**Andrei_Nistor. Shutterstock/Pearson Library; **193**serrnovik. 123rf.com/serrnovik. 123rf.com; **193**wavebreakmediamicro. 123rf.com/wavebreakmediamicro. 123rf.com; **193**Jorge Salcedo. Shutterstock/Jorge Salcedo. Shutterstock; **193**Sergey Nivens. Shutterstock/Sergey Nivens. Shutterstock; **194**sirtravelalot. Shutterstock/sirtravelalot. Shutterstock; **194**Jules Selmes. Pearson Education Ltd/Jules Selmes. Pearson Education Ltd; **198**Petar Paunchev. Shutterstock/Pearson Library; **198**123rf.com/Pearson Library; **198**123rf.com/Pearson Library; **198**caeccles. 123rf.com/Pearson

Me and my parents!

Dear Parents,

In this unit of this book: "How do we express through cooking?"

We target teaching them this concept through the text given for this lesson and through other interactive methods accompanying it and related to the desired targets and goals as well.

We invite you to follow their classroom activities and work with them at home. Listen to their enthusiasm and enjoy with them the process of learning Arabic through the suggestions we offer in this section of the book.

1. Encourage your child to bring different recipes or his / her favorite meal recipe and let him / her talk about it in class in front of his / her peers.
2. Listen to your child telling you about the different popular Arabic meals in the Arab countries.
3. Let your child tells you about what he / she wrote in his / her book when writing about his / her own recipe for a meal chosen.
4. Encourage your child to get some utilities used in the kitchen.

Assessment

4

أُنْظُرْ... حَلِّلْ... اِسْأَلْ زَميلَكَ:

كَمْ تِلْميذًا في الْمَدْرَسَةِ يُحِبُّ شَطيرَةَ الْفَلافِلِ؟ شَطيرَةَ الْبَيْضِ؟ شَطيرَةَ الْجُبْنِ؟

كَمْ تِلْميذًا في الْمَدْرَسَةِ يُحِبُّ عَصيرَ الْبُرْتُقالِ؟ الْحَليبَ؟...

ساعِدِ الْمَقْصِفَ في التَعَرُّفِ إلى ما يُفَضِّلُهُ التّلاميذُ مِنْ وَجَباتٍ مِنْ خِلالِ الْمُخَطّطِ أدْناهُ.

ماذا يُفَضِّلُ التّلاميذُ مِنْ وَجَباتِ الْمَقْصَفِ؟

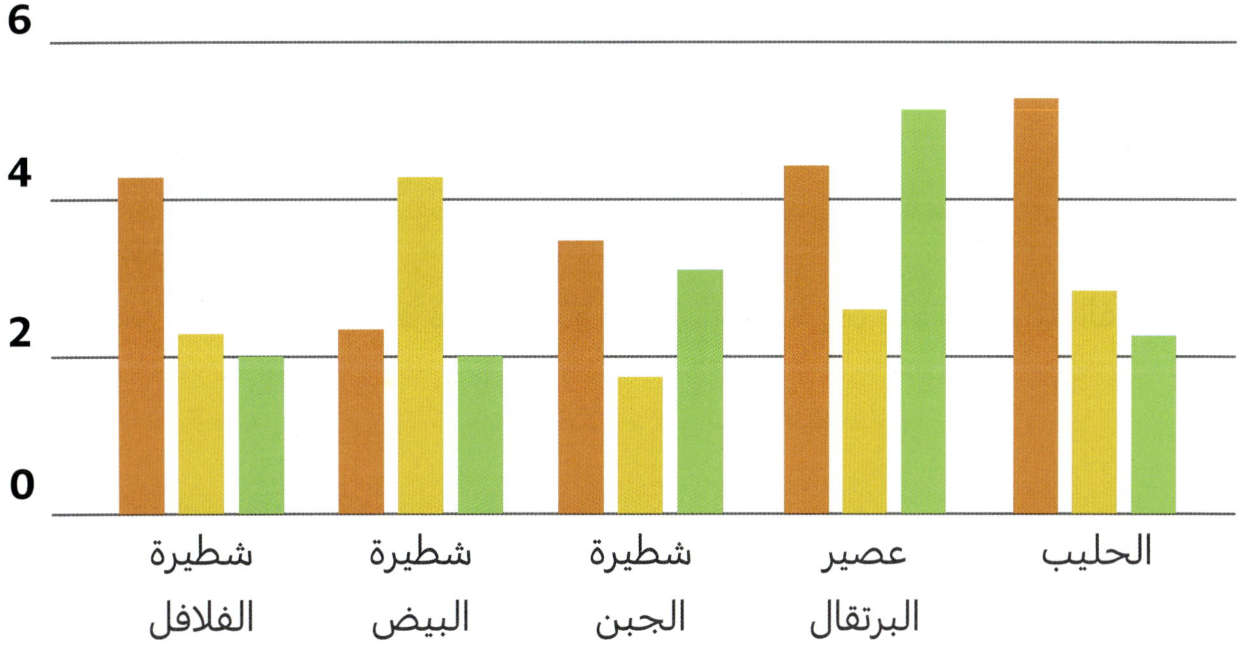

هَيّا نَحْكِ

1 هَلِ الطَّبْخُ فَنٌّ؟

اِسْتَمِعْ لِلْمُعَلِّمِ ولِزَميلِكَ، ثُمَّ شارِكْ في الْمُناقَشَةِ.

2 أَنْصِتْ وَأَعِدِ السَّرْدَ

أَنْصِتْ لِزَميلِكَ وَأَعِدْ الْجُمْلَةَ الّتي قالَها لَكَ لِزَميلٍ آخَرْ.

3 أرِني وَأَخْبِرْني

تَحَدَّثْ عَنِ الْغَرَضِ الْمَوْجودِ مَعَكَ لِمُدَّةِ دَقيقَةٍ، مُسْتَخْدِمًا اللُّغَةَ الْعَرَبِيَّةَ الْفَصيحَةَ.

4 اِستَمِعْ إِلَى النَّصِّ: "فَنُّ الطَّبْخِ"

نَصُّ: مُؤمِن حِلْمي

نَحنُ لا نَعْرِفُ بِالضَّبطِ مَتى بَدَأَ الْإِنسانُ بِالطَّبْخِ، وَلَكِنّنا نَعْرِفُ أنّ ذَلِكَ بَدَأ مَعَ اكْتِشافِ النّارِ، فَكانَ يَطْبُخُ الطّعامَ عَلى النّارِ مُباشَرَةً، أَوْ يَغْليهِ في الْماءِ، لِيَسْهُلَ تَناوُلُهُ.

ثُمّ بَدَأَتْ تَظْهَرُ أَساليبُ مُخْتَلِفَةٌ تَتَفَنّنُ في طَبْخِ الطّعامِ بِحَسَبِ كُلِّ بَلَدٍ، وَبِحَسَبِ أَنْواعِ الطّعامِ الْمُتَوافِرَةِ فيهِ.

ما رَأْيُكُمْ، هَلِ الطّبْخُ فَنٌّ أَمْ لا؟

هَيّا نَسْتَمِعْ

1 **اِسْتَمِعْ لِرِسالَةِ الْمُعَلِّمِ.**

تَناقَشْ مَعَ زَميلِكَ في ما فَهِمْتُماهُ.

سَجِّلْ / أَوْ اُكْتُبْ رِسالَةَ رَدٍّ لِلْمُعَلِّمِ.

2 **اِسْتَمِعْ إِلَى الْحِوارِ ثُمَّ إِلَى الْأَسْئِلَةِ وارسم دائِرَةً حَوْلَ الْجَوابِ الصَّحيحِ.**

1. يُريدُ الْأَوْلادُ وَصْفَةَ:

عَصيرِ اللَّيمونِ الْفَراوْلَة الشّوكولاتة بِالْحَليب

2. يَبْحَثُ الْأَوْلادُ عَنِ الْوَصْفَةِ في:

كِتابِ الْجُغْرافْيا كِتابِ الطَّبْخِ كِتابِ الرَّسْمِ

3. الْمُكَوِّناتُ الْمَطْلوبَةُ لِهَذِهِ الْوَصْفَةِ:

بُرْتُقالٌ وَنَعْناعٌ وَسُكَّرٌ لَيمونٌ حامِضٌ وَنعْناعٌ وَسُكَّرٌ وَماءٌ

3 **اِسْتَمِعْ لِتَعْليماتِ الْمُعَلِّمِ ثُمَّ تَناقَشْ وَشارِكْ أَفْكارَكَ مَع الزُّمَلاءِ:**

دَوِّنْ ما تُريدُ مَعْرِفَتَهُ عَلى وَرَقَةٍ وَأَلْصِقْهُ عَلى حائِطِ الْتَساؤلاتِ في الصّفِّ!

للناطقين بغير اللغة العربية

بالعربي

المستوى 3 - الجزء 1

Pearson

تأليف د. هنادا طه تامير

السيرة الذاتيّة

تشغل د. هنادا طه تامير حاليًّا كرسيّ الأستاذيّة في اللغة العربيّة في جامعة زايد. قبل ذلك، كانت قد شغلت منصب القائم بأعمال عميد كلية البحرين للمعلّمين في جامعة البحرين لمدّة ثلاث سنوات، ومنصب العميد المشارك لمدّة ستّ سنوات؛ كما عملت مديرة لبرامج اللغة العربيّة في جامعة سان دييغو الحكوميّة في كاليفورنيا.

حازت د. هنادا طه تامير شهادة الدكتوراه في المناهج وطرائق التدريس من جامعة نيو أورلينز الحكوميّة في الولايات المتّحدة الأمريكيّة، وشهادات الماجستير والبكالوريوس ودبلوم التعليم من الجامعة الأمريكيّة في بيروت. تمتدّ خبرة د. هنادا طه تامير على مدى ستّ وعشرين سنة، عملت خلالها في التدريس وتصميم المناهج وتقييمها وتصميم الامتحانات المقنّنة وتقييمها والتدريب والإدارة في دول عديدة، منها الولايات المتّحدة الأمريكية، ولبنان، والبحرين، وسلطنة عمان، والإمارات العربيّة المتّحدة.

لديها مؤّلفات عديدة في مجاليّ المناهج والتعليم. عملت مستشارة لمؤسّسات عالميّة عدّة، منها: "سكولاستك" و "مؤسّسة الفكر العربيّ" و "مبادرة اللغات العالميّة" و"المكتب التنفيذيّ لرئاسة الوزراء في الإمارات العربيّة المتّحدة"؛ وقد طوّرت أوّل منهاج للّغة العربيّة للناطقين باللغة العربيّة، مستندًا إلى المعايير وإلى كتب أدب الأطفال، تحت عنوان "قصص"؛ كما طوّرت أوّل منهاجٍ للّغة العربيّة خاصّ بغير الناطقين باللغة العربيّة، مستندًا إلى معايير آكتفل، وإلى منحى اللغة التواصليّ، تحت عنوان "حوارات". صمّمت د. هنادا طه تامير أوّل نظام تصنيف انقرائيّ متكامل لكتب أدب الأطفال، وقد تبنّته "مؤسّسة الفكر العربيّ" والعديد من دور النشر في الوطن العربيّ. تعمل د. هنادا طه تامير حاليًّا على وضع معايير للطلاقة في القراءة باللغة العربيّة للتلاميذ.

نقدّم لكم منهاج "بالعربي" للناطقين بغير العربية، وهو منهاج يعتمد على التعلّم المبني على المنحى التواصلي، ومعايير المجلس الأمريكي لمعلّمي اللغات الأجنبية (آكتفل)، وأدب الأطفال، واللعب والحركة.

الهدف الأول من هذا العمل هو جعل تعلّم اللغة العربية ممتعًا للتلاميذ، ومفيدًا، وفعّالًا، وذا مستوًى عالٍ.

الهدف الثاني هو تقديم اللغة العربية الفصيحة بشكل حداثيّ ومعاصر ومبني على أفضل الممارسات، من خلال الارتكاز في بناء المنهاج، على أهمّ الأبحاث في مجالات التربية وتعلّم اللغات الأجنبية واللسانيّات، وعلم النفس التربوي.

نؤمن بأنّ تعلّم اللغة العربية يجب أن يكون ممتعًا، وسهلًا، وذا معنًى للمتعلّم وللمعلّم ولأولياء الأمور أيضًا. ونؤمن بأنّ في اللغة العربية جمالًا، وعمقًا، ومرونة تستطيع استيعاب كلّ عِلم جديد وكلّ فكرة في هذا العالم. وأنَّ تعلّمها متاح بشكل عصريّ للجميع.

We present to you bilArabi curriculum for non-native learners of Arabic. A curriculum based on the communicative language approach, the standards of American Council for Teachers of Foreign Languages (ACTFL), children's literature, play, and movement.

The first objective of this work is to make learning Arabic fun, useful, effective, and of a high quality for learners.

The second objective is to present Arabic language using a modern and contemporary approach, and ensure best practice by building a curriculum based on research in the fields of education, learning foreign languages, linguistics and educational psychology.

We believe that learning Arabic should be fun, easy and meaningful for learners, teachers, and parents as well. We believe that the Arabic language is beautiful, rich, and flexible to where it can work with any new science or idea in this world. We believe that all this must be shown to the Arabic learner through "bilArabi".

لماذا "بالعربي"؟

- لأننا نريد إتاحة الفرصة للتلاميذ لاستكشاف اللغة العربيّة واستخدامها من خلال **التواصل واللعب والحركة واستخدام اللغة.**
- لأننا نستخدم أساليب التدريس الحديثة **لتطوير تعلّم اللغة العربية** لدى الأطفال.
- **لأننا نريد دعم المعلّمين** في استخدام مهارات وتقنيات القرن الحادي والعشرين في قاعات الدراسة.
- لأننا نحبّ اللغة العربية ونرى فيها **جمالًا وقدرةً** على احتضان الأفكار والعلوم والآداب كلّها.
- لأننا نريد مشاركة الثقافة العربيّة وجماليّاتها من خلال محتوى لغوي سلس وممتع.

بناء ثقة الأطفال بمعرفتهم

يؤمن منهاج **"بالعربي"** بقدرة كلّ طالب على التعلّم والتمكّن من اللغة العربية الفصيحة، ذلك من خلال إغماسهم باللغة، ومن خلال الأخذ بأيديهم ليروا أنّ اللغة العربية ممتعة، وأنَّ تعلّمها بشكل عصريّ مُتاحٌ للجميع.

بالفصيحة أحلى

يركّز منهاج **"بالعربي"** على جعل اللغة العربية الفصيحة لغة سهلة وممكنة، ولغة ملوّنة ومرِنة. نريد للتلاميذ أن يبدعوا باللغة العربية وأن يضحكوا بها ويلوّنوا عالمهم بجمالها.

Why "bilArabi"?

- Because we want our learners to have the opportunity to explore Arabic and use it through **communication, play, movement and language use.**
- Because we use modern teaching methods to **develop Arabic language learning** for children.
- **Because we want to help teachers** use the 21st century's skills and techniques in classrooms.
- Because we love Arabic and appreciate its **beauty and ability** to embrace ideas, sciences and literature.
- Because we want to **share the beauty of Arabic culture** through smooth and enjoyable linguistic content.

Building children's faith in their knowledge

"bilArabi" curriculum believes that every learner is capable of learning and mastering Arabic through language immersion and helping learners experience Arabic as fun, flexible and modern.

Faseeha is beautiful

"bilArabi" curriculum focuses on making learning Arabic an easy, possible, colorful, and flexible task. We want our learners to be creative, laugh, and color their world with the beauty of the Arabic language.

عزيزي التلميذ/ة،

نتمنّى أن تستمتع بكتاب اللغة العربية "بالعربي" والنصوص الكثيرة التي ستتابعها. هناك نصوص نثرية ونصوص شعرية. ستسمع مجدّدًا قصص أصدقائنا الخمسة: فارس وهيا وآدم وروزي وداي - لين، وستقرأ نصوصًا مختلفة عن الهاتف المحمول وعلبة الفول، وستعرف ما قالت جدّتي لأبي عندما كان صغيرًا، وسنكتشف معًا من كسر نظّارة أحمد، ولماذا غضبت هيا، وسنقرأ أيضًا عن هدية روزي لأمّها وعن الإسعافات الأوليّة.

ستتعلّم أشياء كثيرة في كلّ صفحة، وستكتسب أيضًا الكثير من المعلومات عن مواضيع كثيرة سنحكي عنها آملين أن تعجبك، وأن تحكي عنها لأسرتك وأصدقائك.

بمودّة،

المؤلّفون

Dear learner;

We hope you will enjoy the texts you will read in the Arabic language textbook, "bilArabi". You will meet our five friends: Faris, Haya, Adam, Rosie and Dai-Lin. You will read about the mobile phone and communication, and you will know what my grandmother told my father when he was still so young, we will discover together who broke Ahmed's eye glasses, and why Haya got angry. We will read together about Rosie's gift to her mother, and about the first aid.

There is a lot to learn on every page. You will find out how much information you already know about the many topics we will share with you. We truly hope you like them and that you will tell your family and friends about them.

With love,

Authors

تعليم الناطقين بغير العربية

يرتكز التعلّم الأولي للّغة، على غمر الأطفال في الاستماع إلى أصواتها وتمييزها أثناء الحكي؛ يمرّ تعليم الناطقين بغير العربية بمراحل ستّ:

1. مرحلة ما قبل الإنتاج اللغوي: تسمّى أيضًا "مرحلة الاستماع والصمت".
2. مرحلة الإنتاج المبكر: حيث يبدأ التلاميذ بالتحدّث بجمل بسيطة وقصيرة تشوبها أخطاء لغوية وصرفية.
3. مرحلة التحدّث البدائي: حيث نلاحظ أنّ الجمل والتعابير صارت أطول ولكنّها تقتصر على موضوعات يعرفها التلميذ جيّدًا.
4. مرحلة الطلاقة الأوّليّة: حيث تكون اللغة المحكيّة على شيء من الطلاقة، خاصّة في مواضيع اجتماعية تتعلّق بالتحدّث عن الأصدقاء والذات والهوايات.
5. مرحلة الطلاقة المتوسطة: يتّسم الإنتاج اللغوي هنا بالطلاقة في المواضيع الاجتماعية.
6. مرحلة الطلاقة المتقدّمة: يتواصل التلاميذ في هذه المرحلة بطلاقة وفي سياقات لغوية مختلفة.

التعلّم المبني على معايير (آكتفل)

يوضّح منهاج "**بالعربي**" للتلاميذ ما سيتعلّمونه وما سيكونون قادرين على عمله في اللغة العربية. تشكّل معايير (آكتفل) إطارًا لمجموع المعارف والمهارات والكفايات العملية التي يُتوقّع أن يعرفها التلميذ/ة. وهي توضّح كذلك طرائق تقييم تلك المعارف.

Teaching Arabic to non-Arabic learners

The early stages of language learning are based on immersing children in listening to its phonetic sounds and distinguishing them when speaking. Teaching Arabic to non-native Arabic learners usually goes through six stages:

1. The pre-production period: Also known as the "silent period" where the learner listens to the language but cannot produce it nor speak it.
2. Early production period: Where the learner begins to speak simple and short sentences with some linguistic and grammatical errors. The focus at this stage is on intensive listening and comprehension through play, movement and drama.
3. The speech emergence period: Where the learner starts to use longer sentences and expressions that are limited to topics familiar to them. At this stage, the list of vocabulary expands while mistakes shrink.
4. The initial fluency period: Where the learner's spoken language has some kind of fluency, especially when talking about social topics related to themselves, their friends or hobbies. Less known topics are still challenging to the learner at this stage.
5. The intermediate fluency period: Where the learner's produced language becomes fluent in social topics, but less fluent in less familiar topics, including academic subjects. At this stage, the learner begins to use figurative expressions, but with occasional mistakes.
6. The advanced fluency period: Where a learner communicates fluently and in various linguistic contexts including social and academic topics, and shows confidence while speaking and using the language. Some linguistic errors that do not affect the meaning or comprehension might still occur at this stage.

ACTFL-based learning

"bilArabi" curriculum identifies what the learners will learn and be able to do in Arabic. The ACTFL standards form the framework of knowledge, skills and practical competencies expected of each learner to know. The ACTFL standards also clarify the ways of assessing that knowledge. The criteria and performance indicators agreed upon at each level are the core of the curriculum. Based on the criteria, the teacher chooses a collection of books that helps fulfil the criteria each learner must obtain. Standards are considered the "what" in the learning process, as they answer the question: What will the learner know at the end of a unit?

معايير آكتفل خمسة وهي:

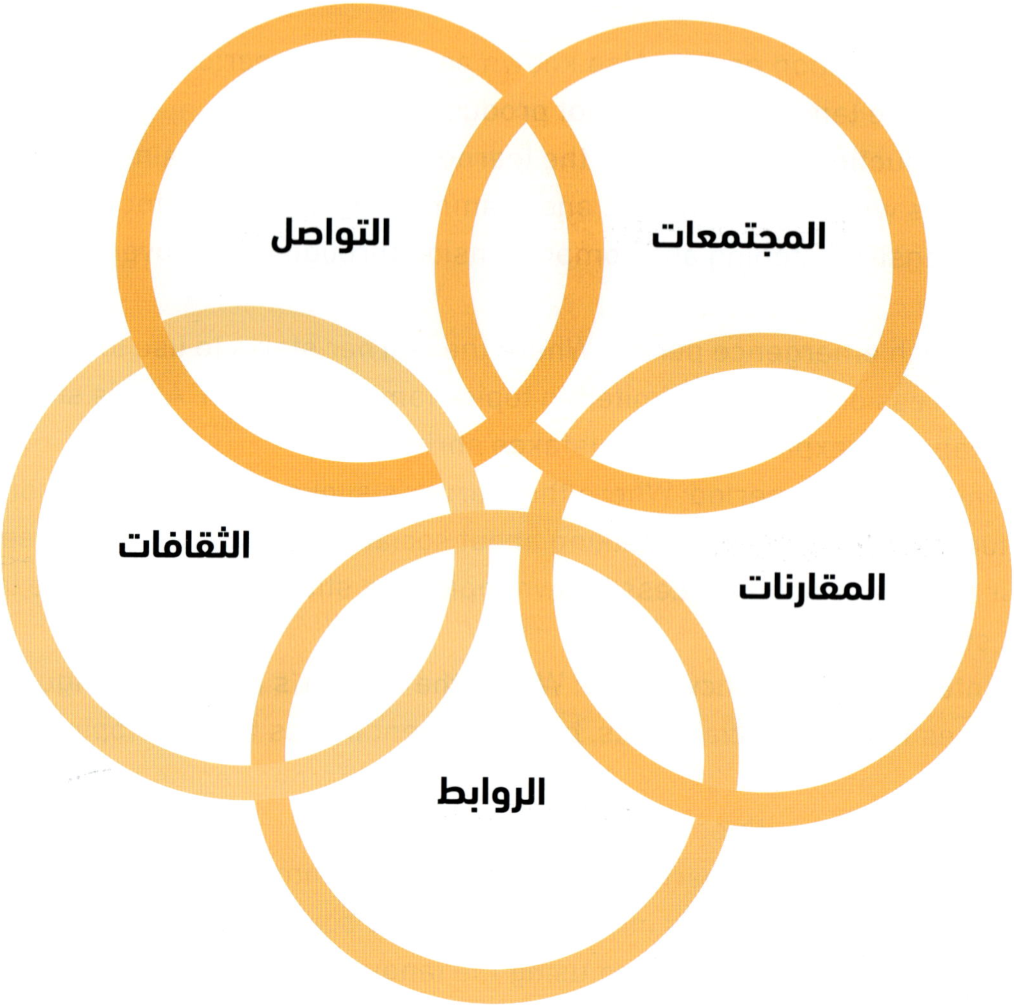

The five ACTFL Standards are:

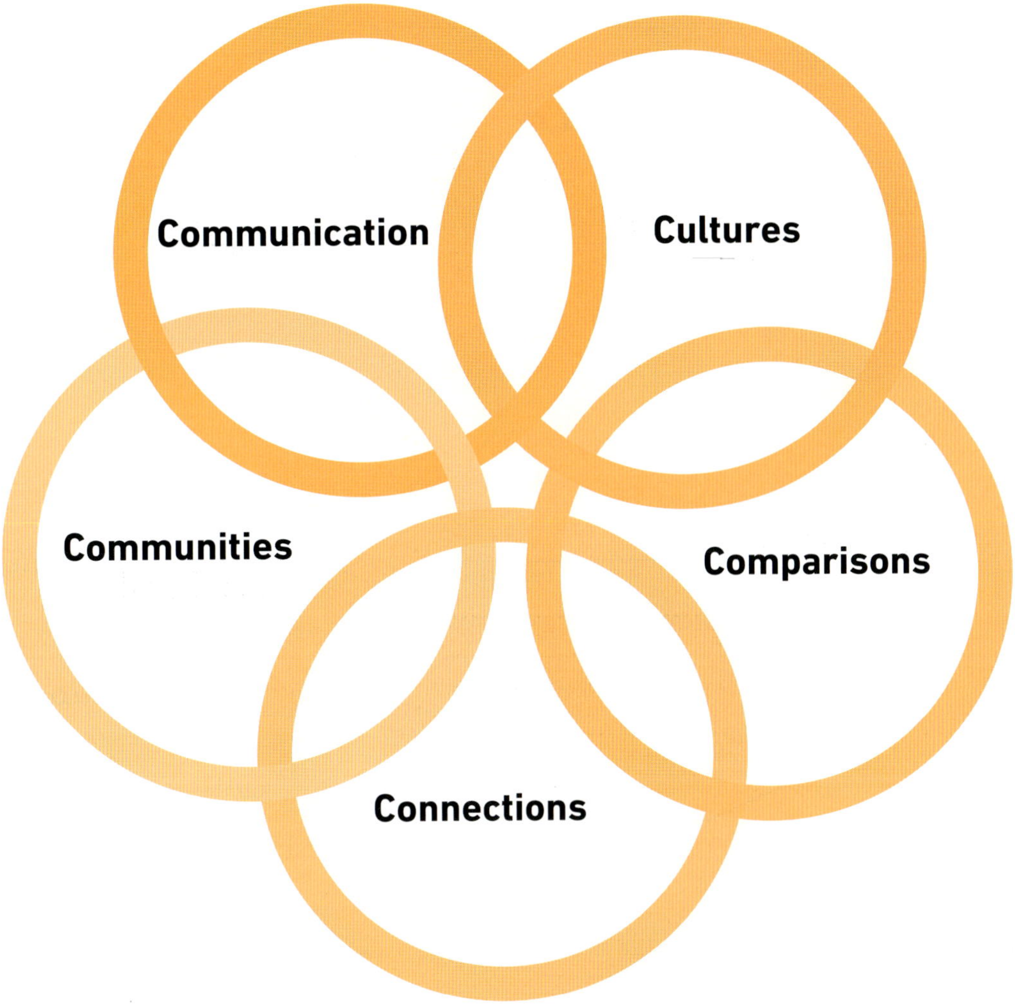

أمّا مستويات الكفاءة اللغويّة بحسب (آكتفل) فهي:

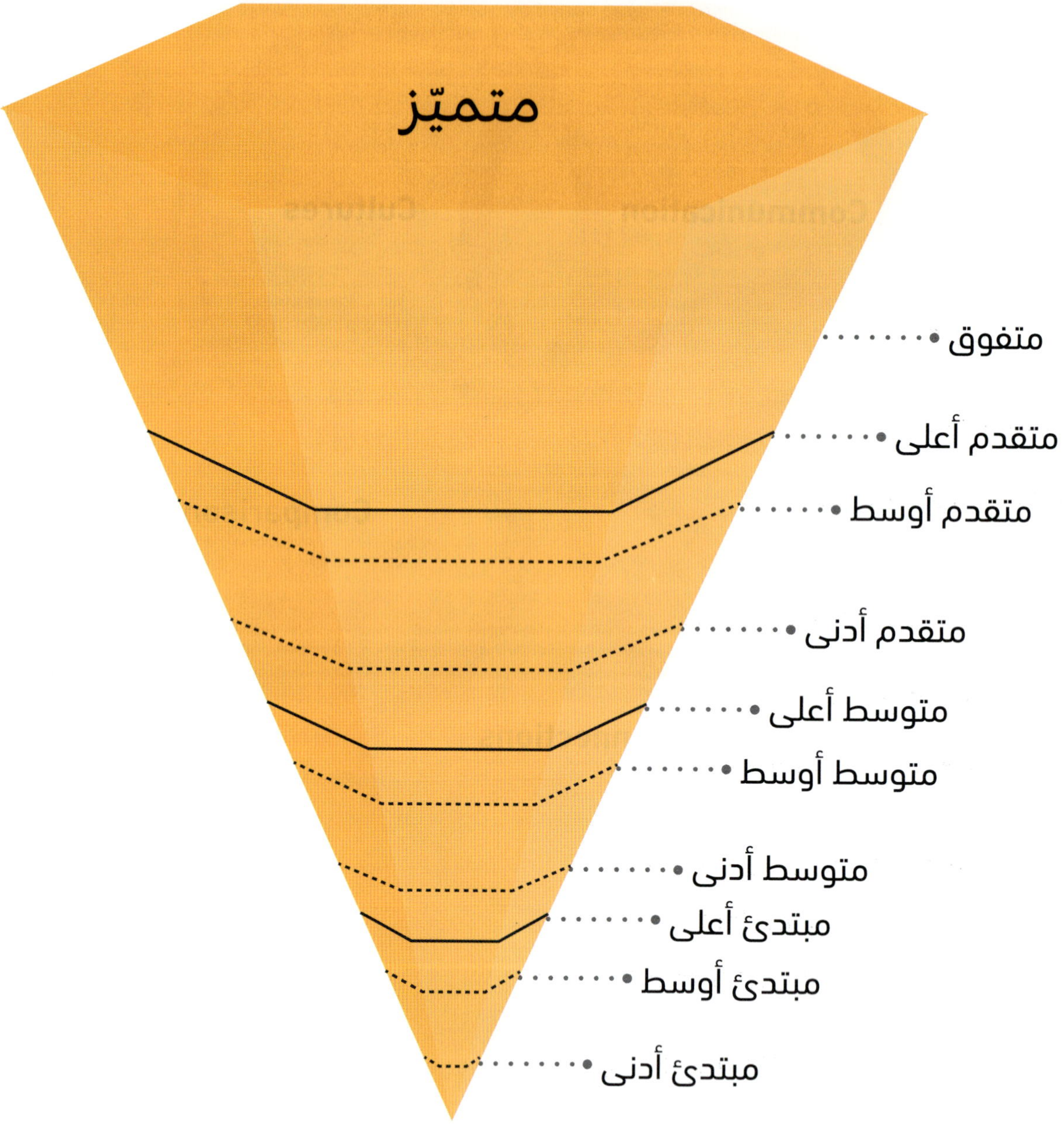

يُتوقّع أن يصل التلميذ خلال 9 سنوات من دراسة اللغة العربية بمعدّل ساعة يوميًّا، إلى المستوى المتقدّم الأعلى أو المستوى المتميّز.

Language proficiency levels according to (ACTFL):

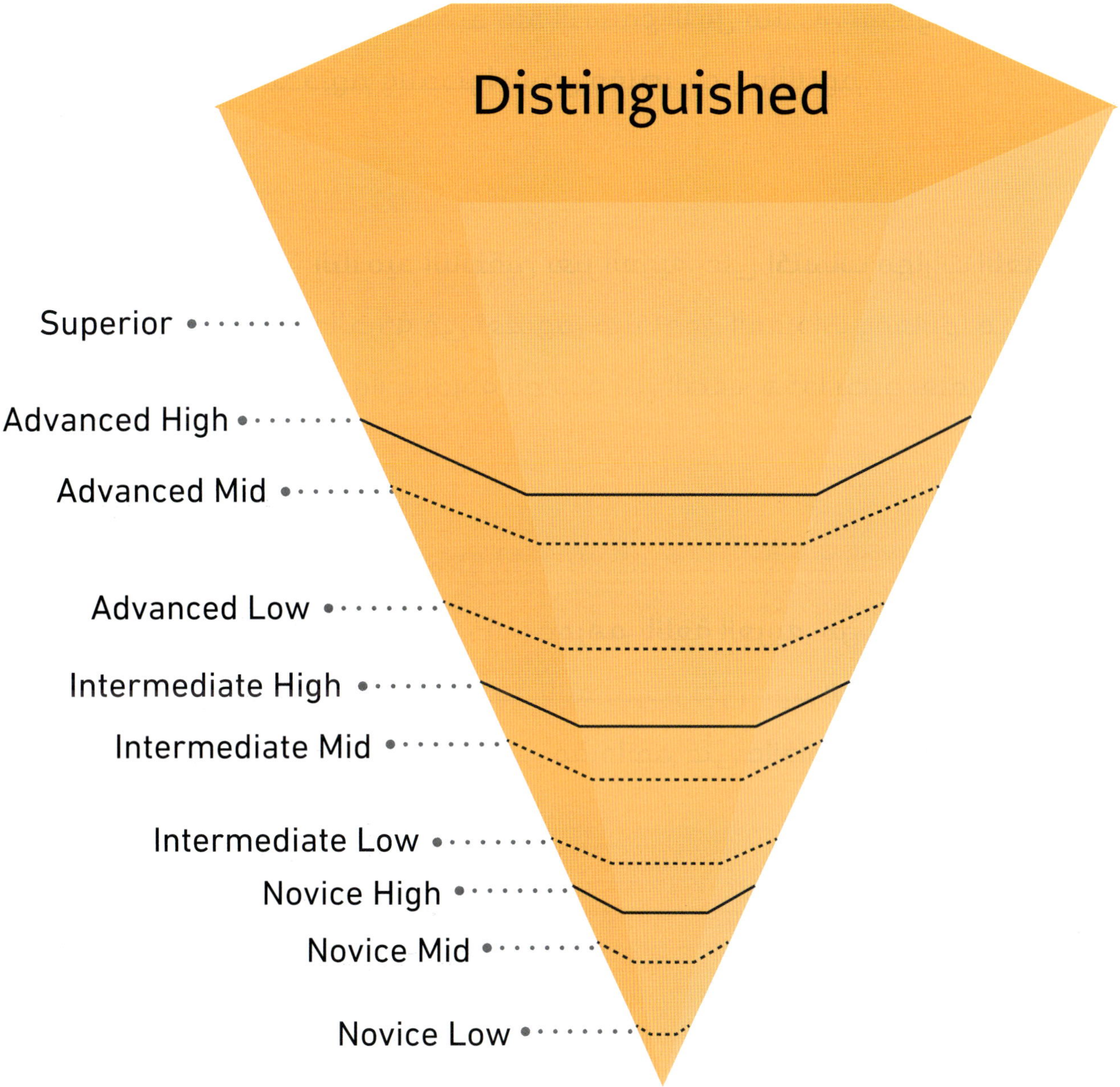

It is expected that within 9 years of sustained studying Arabic for an average of one hour a day, the learner reaches the advanced high or superior proficiency level.

التعلّم المبني على المنحى التواصلي

يقدّم منهاج "**بالعربي**" اللغة العربية للناطقين بغيرها، من خلال منحى اللغة التواصلي الذي يركّز على مهارات التواصل من استماع وتحدّث أوّلًا، كي يساعد التلاميذ على اكتساب اللغة بسرعة، فيتعلّم التلاميذ منذ الأسبوع الأول مثلًا، أن يقدّموا أنفسهم وأن يطرحوا السلام على محدِّثِهم ويتحدّثوا بشكل مقتضَب عن عائلاتهم.

التعلّم المبني على اللعب والحركة

يساعد منهاج "**بالعربي**" التلاميذ الناطقين بغير العربية، على اكتساب مهارات اللغة من خلال توظيف اللعب والحركة في تعلّمهم، فيتعلّمون المفردات ومعانيها من خلال تمثيلها ومن خلال لعب الأدوار والحركة الهادفة في الصف؛ هكذا يصبح تعلّم اللغة أكثر حيويّة وأكثر التصاقًا بالذاكرة.

التعلّم المبني على أدب الأطفال

يساعد منهاج "بالعربي" التلاميذ من خلال غمرهم باللغة العربية، من خلال النص الممتع والحركة والتكرار والنمذجة، والأخذ باليد للتركيز على فهم المقروء.
كلّما انغمس الأطفال باللغة، ازداد قاموس مفرداتهم غنًى وازداد إلمامهم باللغة وبمفرداتها وثقافتها.

Communicative language approach

"bilArabi" curriculum presents the Arabic language to non-native Arabic learners through a communicative language approach that focuses on communication skills (listening and speaking) first, to help the learners acquire the language quickly. For example, learners starting week 1 learn how to present themselves, greet their speaker and talk briefly about their families.

Learning based on play and movement

"bilArabi" curriculum helps non-native Arabic learners acquire language skills through the use of play and movement in their learning.
They learn the vocabulary and its meanings through role-play and purposeful movement in the classroom. This makes language learning more vivid and memorable.

Learning based on children's literature

"bilArabi" curriculum supports learners through immersing them in reading, modelling, listening, speaking, discussing, and questioning using short scripts of children's literature. The more children are immersed in the language, the more they become familiar with it, its vocabulary and culture.

هيّا نَسْتَمِعْ

الاستماع اليوميّ لقراءات من أدب الأطفال ولحوارات تعتمد على الحياة اليومية، يثري قاموس مفرداتهم ويكسبهم معارف لغوية وثقافية باللغة العربية. بتعلّم التلاميذ للحروف المختلفة واكتسابهم بعض الكلمات البصرية، سيتمكّنون بمفردهم من قراءة نصوص تناسب مستوياتهم اللغوية.

هَيّا نَحْكِ

يشكّل التواصل الشفهيّ للناطقين بغير العربية أساسًا للتعلّم، كما تشكّل الحوارات التي تدور حول حياة التلاميذ اليومية (الأصدقاء، الأهل، الأكل والشرب، الهوايات، الألعاب، الأشياء من حولهم) الثيمات الرئيسة لمجمل المواضيع التي يتركّز حولها التعلّم، خاصة في المراحل الأولى؛ ثمّ تتدرّج إلى مواضيع أكثر أكاديميةً وعمقًا، عندما يكتسب التلاميذ كفاءة لغوية تمكّنهم من ذلك.

ورشة المفردات

يساعد منهاج "**بالعربي**" التلاميذ الناطقين بغير العربية على اكتساب مفردات لحياتهم اليومية، وأخرى أكاديمية يحتاجونها في حياتهم الدراسية والمهنية. يتعلّم التلاميذ بعض المفردات بطريقة مباشرة ومتعمّدة، ويكتسبون بعضها الآخر بشكل غير مباشر من خلال القراءة.

نقرأ

يساعد منهاج "**بالعربي**" التلاميذ على الانغماس في اللغة ومفرداتها واكتشاف أشياء كثيرة متعلّقة بثقافتها، تظلّ مجهولةً بالنسبة للناطق بغير اللغة العربية، في حال عدم انخراطه بقراءة نصوص من أدب تلك اللغة. سيعمل التلاميذ في كلّ سنة، على نصوص عديدة تقرّبهم من الثقافة العربيّة وتُثري مفرداتهم وتراكيبهم اللغوية.

Let's listen

Daily listening to readings in children's literature enriches the learners' vocabulary and adds to their linguistic and cultural knowledge in Arabic. Through learning the phonics and acquiring sight words, they will be able to read texts that suit their reading levels, without the need of guidance or help.

Let's talk

The oral communication of non-native Arabic learners is the foundation of learning. Songs and conversations about the daily life of learners (friends, parents, food, hobbies, games, etc.) are the main themes of the topics their learning revolves around, especially in the early stages. Topics become deeper and more academic when learners acquire the language proficiency that enables them to do so.

Vocabulary workshop

"bilArabi" curriculum helps the non-native Arabic learners acquire vocabulary necessary for their daily lives, and other academic vocabulary needed for their academic and professional life. Teaching vocabulary is done directly and deliberately, and is acquired indirectly through reading.

We read together

"bilArabi" curriculum helps learners get immersed in Arabic vocabulary and discover many aspects of the culture through its vocabulary. Without children's literature and learning vocabulary, many aspects of learning the language will remain out of their reach. Each year, learners work on a number of texts that bring them closer to the Arabic culture and enrich their vocabulary and linguistic structures.

نكتب

يساعد منهاج "**بالعربي**" التلاميذ، على استخدام الكتابة كطريقة للتواصل وللتعبير عن النفس؛ ما إن يتعلّموا الحروف حتى يبدؤوا كتابة أسماء كلّ الأشياء الموجودة حولهم في الصف، وكتابة لائحة بأسماء الحاجيّات التي يودّون شراءها، ولائحة بأسماء أصدقائهم؛ عندما تتطوّر لغتهم، يكتبون مواضيع عن أنفسهم وعن هواياتهم، ثمّ ينتقلون منها إلى مواضيع أخرى أطول وأعمق، تتدرّج بحسب الكفاءة اللغوية لكلّ منهم.

ثقافة

يشكّل الوعي الثقافي معيارًا أساسيًّا لتعليم الناطقين بغير العربية؛ فغمر التلاميذ باللغة العربية يعني أيضًا غمرهم بالثقافة وبجماليّاتها المختلفة، من خطّ عربي وموسيقى عربيّة وأمثال شعبية عربية وأكلات ومذاقات، ونكهات عربية يحتاج التلاميذ التعرّف إليها والتفاعل معها لفهم اللغة بشكل عميق.

Writing workshop

"bilArabi" curriculum helps learners use writing to communicate and express themselves. Once they learn the letters, they start writing the names of the objects around them in the classroom, lists of the items they would like to buy, and lists of their friends' names. Gradually, their language develops and they move on to writing about themselves and their hobbies, then progress from there to longer and deeper topics that are consistent with their language proficiency.

Culture

The cultural awareness is a fundamental criterion in teaching Arabic to non-native Arabic learners. Immersing them in Arabic means immersing them in the Arabic culture and its various facets including Arabic calligraphy, music, folklore, food, cuisines, and flavors that learners need to come across and interact with, in order to understand the language deeply.

Listening icon  هيّا نستمعْ

Speaking icon  هيا نحكِ

Vocab icon  ورشة المفردات

Reading icon  نقرأ

Writing icon  نكتب

Explorative questions icon

أسئلة الاستكشاف

Culture icon

ثقافة

Lessons icon

الدروس

Assessment icon

تقييم

Me and my parents

وقت أقضيه مع أهلي باللغة العربية

الوَحْدَةُ 1

مَنْ نَحْنُ؟

الدُّروس:

1 كَيْفَ أَتَواصَلُ مَعَ الآخَرينَ؟
2 كَيْفَ أَتَعَلَّمُ مِنْ تَواصُلي مَعَ الآخَرينَ؟
3 كَيْفَ أَحْتَرِمُ حُقوقَ الآخَرينَ مِنْ خِلالِ التَّواصُلِ؟
4 كَيْفَ أَحُلُّ مَشاكِلي مَعَ الآخَرينَ؟
5 التَّواصُلُ الإِلِكْتْرونِيُّ الآمِنُ
6 كَيْفَ يُمْكِنُني مُسامَحَةُ الآخَرِ؟

أَسْئِلَةُ الاِسْتِكْشافِ

- كَيْفَ أَتَواصَلُ مَعَ الآخَرينَ؟
- كَيْفَ أَتَعَلَّمُ مِنْ تَواصُلي مَعَ الآخَرينَ؟
- كَيْفَ نَحْتَرِمُ حُقوقَ الآخَرينَ مِنْ خِلالِ تَواصُلِنا؟
- هَلْ يُفْسِدُ اخْتِلافُ الرَّأْيِ الصَّداقَةَ؟
- هَلِ التَّواصُلُ الإِلِكْتْرونِيُّ آمِنٌ في مُخْتَلِفِ أَوْجُهِهِ؟
- لِماذا مُهِمٌّ لَنا أَنْ نُسامِحَ بَعْضُنا بَعْضًا؟

كَيْفَ يُساعِدُنا التَّواصُلُ في

3

(10 دقائق) 2

الهدف: التعرف إلى الفرق بين محتوى الرسالة البريدية أو الرسالة الإلكترونية، وبطاقة التهنئة.
يسحب التلاميذ من صندوق البريد ظرفًا ويتحاورون حول ما لديهم بحسب الموضوع. (إضافة رسوم إلى كل الرسائل أو البطاقات لتسهيل عملية الفهم للمتعلم وبخاصة المبتدئين).
قد يحتوي الظرف على صورة رسالة مكتوبة بخط اليد أو صورة لبريد الكتروني.
رسالة البريد الالكتروني تبدأ بـ: عزيزي / عزيزتي أو أخي / أختي.
بطاقة معايدة أو تهنئة: تتضمن عبارة قصيرة مثل:
مبروك الفوز / مبروك النجاح / شفاء عاجلًا / أهلًا وسهلًا بك في بيتنا / شكرًا لك / عطلة سعيدة / يومًا جميلًا.
يساعد المعلّم في توجيه الحوار وشرح معاني العبارات من خلال الصور وتمثيل المحتوى.
اطلب من كل تلميذ الانضمام إمّا لمجموعة "الرسائل" أو "البطاقات".
أكّد المعنى المقصود والعبارات الداعمة مرةً أخرى.

(10 دقائق) 3

الهدف: أن يعبّر التلميذ بجملة واضحة شفهيًا عن وسيلة الاتصال المفضّلة لديه. اسأل كل تلميذ عن الوسيلة المفضّلة لديه، ثم ساعده في التعبير عن خياره في جملة واطلب منه تكرارها:
"أحبّ التحدث عبر الهاتف. أحبّ التحدث وجهًا لوجه. أحبّ التحدث عبر

2 إِسْحَبْ وَتَحَدَّثْ
إِسْحَبْ ظَرْفًا مِنْ صُنْدوقِ البَريدِ.
ناقِشْ مَعَ زَميلٍ حَوْلَ ما وَجَدْتَهُ.
إِنْضَمَّ إِلى المَجْموعَةِ الَّتي تُناسِبُ ما لَدَيْكَ.

مَجْموعَةُ الرَّسائِلِ
مَجْموعَةُ البِطاقاتِ

ثُمَّ تَحَدَّثْ في مَجْموعَتِكَ عَنِ الرِّسالَةِ / البِطاقَةِ
قِفوا في صَفَّيْنِ مُتَقابِلَيْنِ.
مُدَّ يَدَكَ لِزَميلِكَ الواقِفِ أَمامَكَ وَتَحَرَّكا مَعًا إِلى مَكانٍ آخَرَ. حَدِّثْهُ عَنْ رِسالَتِكَ.
ثُمَّ اسْتَمِعْ إِلَيْهِ يَتَحَدَّثُ عَنْ بِطاقَتِهِ.
إِبْدَأْ حَديثَكَ بِـ: عِنْدي رِسالَةٌ أَوْ عِنْدي بِطاقَةٌ

3 أُرْسُمْ وَسيلَةَ الاِتِّصالِ المُفَضَّلَةَ عِنْدَكَ. يُمْكِنُكَ أَنْ تَخْتارَ الوَسيلَتَيْنِ الأَحَبَّ إِلَيْكَ.

9

هَيّا نَحْكِ

1 إِسْتَمِعْ إِلى المُعَلِّمِ، ثُمَّ اخْتَرْ وَسيلَةَ التَّواصُلِ الصَّحيحَةَ وَقُمْ بِتَمْثيلِ حِوارٍ بِناءً عَلَيْها.

1. بَريدٌ إِلِكْتْرونِيٌّ
2. تَحَدُّثٌ
3. بِطاقَةُ شُكْرٍ
4. هاتِفٌ

8

(15 دقيقة) 1

الهدف: أن يتمكن التلميذ من التواصل مع الآخرين معبّرًا شفهيًا بوسائل مختلفة.
اختر 4 من تلاميذ صفّك ليحمل كلّ منهم صورةً من الصور التالية:
(صورة لهاتف، صورة لمتحدثَين وجهًا لوجه، صورة لبريد إلكتروني، صورة لرسالة بخط اليد، صورة لبطاقة شكر).
اطلب من التلاميذ الآخرين الاستماع الى إرشاداتك.
كتجربة أولى لهم، اختر تلميذًا من الصف واطرح عليه التالي:
من معه هذه الوسيلة؟ وتسميها: هاتف
يتجه تلميذ واحد ليختار الوسيلة الصحيحة. ثم يقوم بمكالمة هاتفية مع التلميذ الذي يحمل صورة الهاتف.
نعيد التمرين مع اختيار وسيلة أخرى وتلميذ آخر...
يرجى مراعاة العبارات المناسبة عند التعبير شفهيًا واستخدام لغة الجسد المناسبة لكل وسيلة مستخدمة.
ينوّع المعلّم بوسائل التواصل المختلفة. وإن أراد، يقوم بتبديل التلاميذ الأربعة، ويختار آخرين غيرهم.

8

301

عِنْدَما يَبْتَسِمُ قَلْبي

نَصّ: د. هَنادا طه وَهَلاك عُبَيْد - رَسْم: دِنيز داماتي

كَمْ أُحِبُّ الرَّسْمَ!
مُنْذُ أَنْ كُنْتُ صَغيرَةً، وَأَنا أَجِدُ في الرَّسْمِ عالَمًا مَليئًا بِالقِصَصِ.

ماما دائِمًا تَقولُ لي: "أَنْتِ فَتاةٌ مُبْدِعَةٌ وَمُدْهِشَةٌ".
أَحْمِلُ مَعي أَقْلامي وَمُفَكِّرَةً صَغيرَةً أَرْسُمُ فيها.

300

مصادر البرنامج

للمستويات من 1 الى 9 للناطقين باللغة العربية وللناطقين بغير اللغة العربية

- مصادر المعلم
- كتاب الطالب متضمّنًا قسم (engaging with parents) الشراكة مع أولياء الأمر
- منصة إلكترونية
- الكتب الإلكترونية ومصادر التعلّم الإلكتروني
- أدوات التقويم المعتمدة على البيانات
- التطوير المهني

Program Components

Levels 1 to 9 for Arabic and non-Arabic learners

- Teacher resources
- The learner book including the (engaging with parents) section
- Electronic platform
- E-books and e-learning resources
- Data-driven assessment tools
- Professional development

المحتويات

الوحدة 1

من نحن؟

تتقصّى هذه الوحدة فكرة الذات الإنسانية، والعقائد والقيَم، والصحة الشخصية والجسدية والنفسية والاجتماعية والروحية، كما تتقصّى العلاقات الإنسانية بما فيها العائلة، والأصدقاء، والمجتمعات، والحقوق والواجبات ومعنى أن يكون الواحد منّا إنسانًا.

صلتنا بالمكان والزمان	الوحدة 2

تتقصّى هذه الوحدة صلتنا بالزّمان والمكان، وتاريخنا الشخصي، بيوتنا ورحلاتنا، أو الاكتشافات، وهجرات البشر، كما تتقصّى العلاقات والصّلات بين الأفراد والحضارات المحلّيّة والعالميّة.

الوحدة 3

كيف نعبّر عن أنفسنا؟

تتقصّى هذه الوحدة الوسائل التي بها نكتشف ذواتنا ونعبّر عن أفكارنا، ومشاعرنا، وطبائعنا وثقافاتنا وعقائدنا وقيَمنا. كما تتقصّى الوسائل التي بها نتفكّر ونصقل ابتكاراتنا ونستمتع بها ونقدّر كل ما هو جميل حولنا.

الْوَحْدَةُ

1

مَنْ نَحْنُ؟

الدُّروسُ:

1 كَيْفَ نَتَواصَلُ مَعَ الْآخَرينَ؟

2 كَيْفَ نَتَعَلَّمُ مِنْ تَواصُلِنا مَعَ الْآخَرينَ؟

3 كَيْفَ نَحْتَرِمُ حُقوقَ الْآخَرينَ مِنْ خِلالِ تَواصُلِنا؟

4 كَيْفَ نَحُلُّ مَشاكِلَنا مَعَ الْآخَرينَ؟

5 كَيْفَ نَتَواصَلُ إِلِكْترونِيًّا بِأَمانٍ؟

6 التَّسامُحُ

أَسْئِلَةُ الِاسْتِكْشافِ

- كَيْفَ أَتَواصَلُ مَعَ الْآخَرينَ؟
- كَيْفَ أَتَعَلَّمُ مِنْ تَواصُلي مَعَ الْآخَرينَ؟
- كَيْفَ أَحْتَرِمُ حُقوقَ الْآخَرينَ مِنْ خِلالِ التَّواصُلِ؟
- كَيْفَ أَحُلُّ مَشاكِلي مَعَ الْآخَرينَ؟
- كَيْفَ يُمْكِنُني مُسامَحَةُ الْآخَرِ؟

الْهاتِفُ الْمَحْمولُ وَعُلْبَةُ الْفولِ

نص ورسم: ميثاء الخياط

أَخي عَليّ،

جَدّي لا يَتْرُكُ الشّاطِئَ أَبَدًا مُنْذُ انْتِقالِنا!

نَصَبْنا لَهُ خَيْمَةً وَيَبقَى فيها لَيْلًا وَنَهارًا!

لا يَسْمَعُنا حينَ نُناديهِ.

تَصَوَّرْ أَنَّني صَنَعْتُ لَهُ هاتِفًا!

ثَقَبْتُ عُلْبَتَيْ فولٍ وَمَدَدْتُ حَبْلًا طَويلًا يَمْتَدُّ إِلَى الشّاطِئِ.

في كُلِّ مَرَّةٍ أُنادي:

"أَلووو جَدّي، حاااااااااااااااااااااااانَ وَقْتُ الطَّعااااااااااامِ!"

فَيَرُدُّ: "أَنا قاااااااااادِمٌ!"

لَوْ مَدَدْتُ حَبْلًا مِنْ هُنا إِلَى الْيابان، كَمْ تَعْتَقِدُ سَيَبْلُغُ طولُهُ؟

أَخوكَ غَسّان

الْوَحْدَةُ 1

الدَّرْسُ 1

كَيْفَ نَتَواصَلُ مَعَ الْآخَرينَ؟

كَيْفَ أَتَواصَلُ مَعَ الْآخَرينَ؟

الْمُفْرَداتُ

1. أُنادي
2. مَدَدْتُ
3. قادِمٌ
4. صَنَعْتُ
5. ثَقَبْتُ
6. تصوَّرْ

هَيّا نَسْتَمِعْ

1

اِسْتَمِعْ إِلَى تَحِيَّةِ الْمُعَلِّمِ.

تَوَجَّهْ إِلَى زَميلٍ ثُمَّ إِلَى زَميلَةٍ وَأَلْقِ عَلَيْهِ / ها التَّحِيَّةَ.

اِسْتَمِعْ لِقِراءَةِ الْمُعَلِّمِ.

اِطْرَحْ سُؤالًا لِتَفْهَمَ أَكْثَرَ.

أَعِدْ سَرْدَ ما فَهِمْتَهُ لِزَميلٍ لَكَ.

2

تَحَدَّثْ مَعَ زَميلِكَ مَرَّةً بِالْهاتِفِ

أَلو... مَرْحَبًا يا... أَهْلًا مَرْحَبًا يا...

وَمَرَّةً أُخْرَى عَبْرَ رِسالَةٍ.

اِسْتَلِمْ رِسالَتَكَ / بِطاقَتَكَ مِنْ ساعي الْبَريدِ، اِفْتَحْها وَاقْرَأِ التَّحِيَّةَ.

عَزيزي...عَزيزَتي...

3

اِسْتَمِعْ إِلَى النَّصِّ: "الْهاتِفُ الْمَحْمولُ وَعُلْبَةُ الْفولِ".

نص ورسم: ميثاء الخياط

هَيّا نَحْكِ

1 اِسْتَمِعْ إِلَى الْمُعَلِّمِ، ثُمَّ اخْتَرْ وَسيلَةَ التَّواصُلِ الصَّحيحَةَ وَقُمْ بِتَمْثيلِ حِوارٍ بِناءً عَلَيْها.

1. بَريدٌ إِلِكْترونِيٌّ

2. تَحَدُّث

3. بِطاقَةُ شُكْرٍ

4. هاتِفٌ

2

اِسْحَبْ وَتَحَدَّثْ

اِسْحَبْ ظَرْفًا مِنْ صُنْدوقِ الْبَريدِ.

تَناقَشْ مَعَ زَميلٍ حَوْلَ ما وَجَدْتَهُ.

اِنْضَمَّ إِلَى الْمَجْموعَةِ الَّتي تُناسِبُ ما لَدَيْكَ.

مَجْموعَةُ الرَّسائِلِ

مَجْموعَةُ الْبِطاقاتِ

ثُمَّ تَحَدَّثْ في مَجْموعَتِكَ عَنِ الرِّسالَةِ / الْبِطاقَةِ

قِفوا في صَفَّيْنِ مُتَقابِلَيْنِ.

مُدَّ يَدَكَ لِزَميلِكَ الْواقِفِ أَمامَكَ وَتَحَرَّكا مَعًا إِلَى مَكانٍ آخَرَ. حَدِّثْهُ عَنْ رِسالَتِكَ.

ثُمَّ اِسْتَمِعْ إِلَيْهِ يَتَحَدَّثُ عَنْ بِطاقَتِهِ.

اِبْدَأْ حَديثَكَ بِـ: عِنْدي رِسالَةٌ أَوْ عِنْدي بِطاقَةٌ

3

أُرْسُمْ وَسيلَةَ الْاِتِّصالِ الْمُفَضَّلَةَ عِنْدَكَ. يُمْكِنُكَ أَنْ تَخْتارَ الْوَسيلَتَيْنِ الْأَحَبَّ إِلَيْكَ.

وَرْشَةُ الْمُفْرَداتِ

1 **لُعْبَةُ التَّماثيلِ الصّامِتَةُ، "تَمْثيلٌ وَتَماثيلُ".**

جَسِّدِ الْمُفْرَداتِ الْمُكْتَسَبَةَ مِنَ النَّصِّ «الْهاتِفُ الْمَحْمولُ وَعُلْبَةُ الْفولِ» عِنْدَ الِاسْتِماعِ إِلَيْهِ.

2 **اِسْتَمِعْ وَرَقِّمْ**

3 اِصْنَعْ بِطاقَةَ شُكْرٍ ثُمَّ عَبِّرْ شَفَهِيًّا عَمّا ابْتَكَرْتَ، مُسْتَخْدِمًا الْمُفْرَداتِ الْمُكْتَسَبَةَ.

4 حاكِ الْمُعَلِّمَ في الْأَصْواتِ التّالِيَةِ:

صَنَعْتُ: صَنَعَ - صَنَعَتْ

مَدَدْتُ: ______________________

رَدَدْتُ: ______________________

ثَقَبْتُ: ______________________

5 أُرْسُمْ ما يَخْطُرُ في بالِكَ عِنْدَ سَماعِ هَذِهِ الْمُفْرَدَةِ "شاطِئٌ".

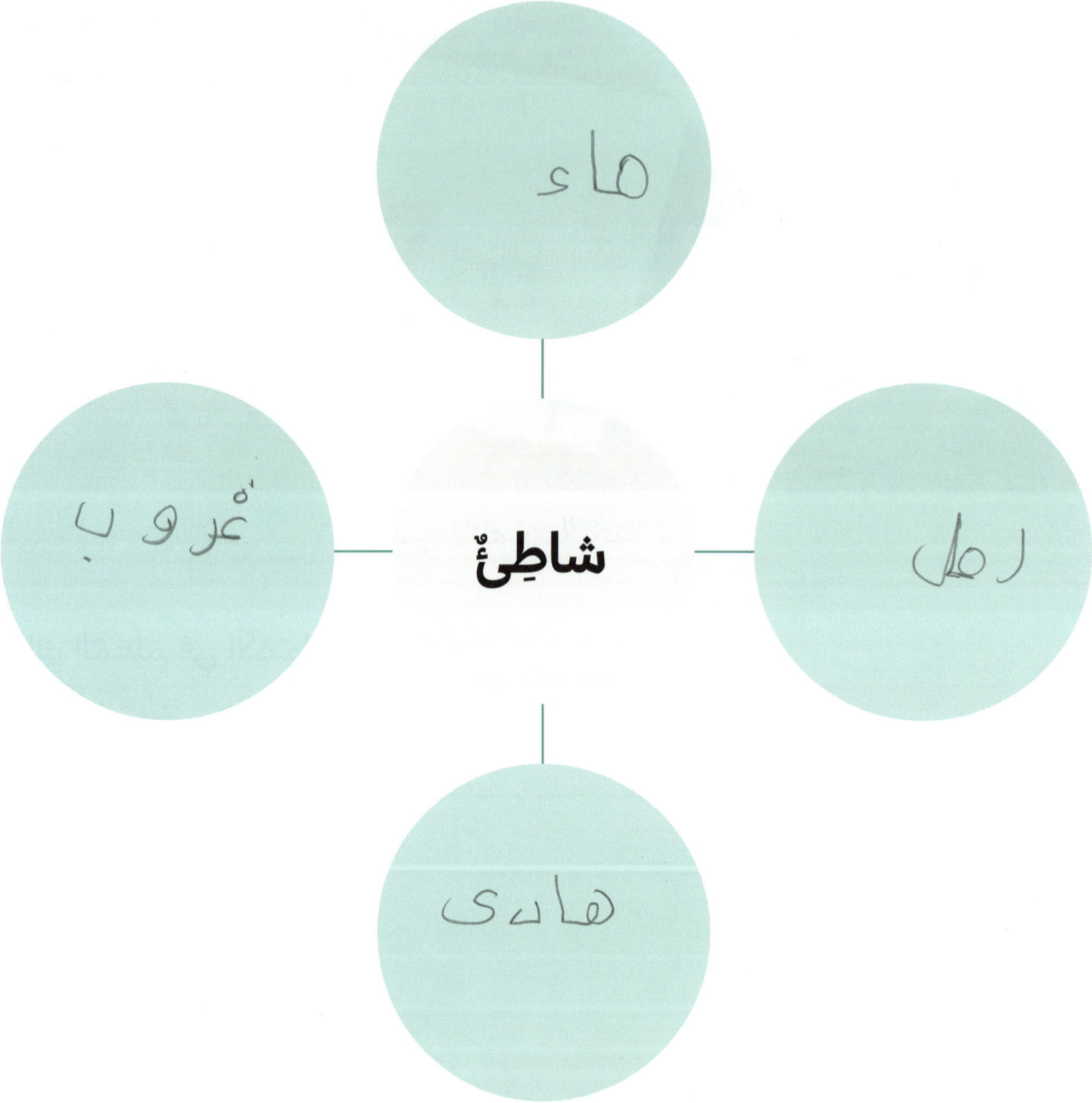

6 **اِصْنَعْ هاتِفًا مَحْمولًا مِنْ عُلَبِ الْفولِ أَوْ مِنْ أَكْوابٍ بلاسْتيكِيَّةٍ.**

اِتَّبِعْ تَعْليماتِ الْمُعَلِّمِ لِصُنْعِ هاتِفٍ مَحْمولٍ مَعَ زَميلِكَ.

أُرْسُمْ كُلَّ خَطْوَةٍ قُمْتَ بِها.

دَوِّنْ تَحْتَها ما فَعَلْتَهُ.

تَحَدَّثْ مَعَ زَميلِكَ عبْرَ الْهاتِفِ الْمَحْمولِ.

نَقْرَأُ

1 **أُكْتُبْ كَمْ مَرَّةً وَرَدَتْ كُلُّ كَلِمَةٍ مِنَ الْكَلِماتِ التّالِيَةِ:**

أُنادي: ______ مَدَدْتُ: ______

قادِمٌ: ______ صَنَعْتُ: ______

ثَقَبْتُ: ______ تَصَوَّرْ: ______

2 اِقْرَأ النَّصّ: "الْهاتِفُ الْمَحْمولُ وَعُلْبَةُ الْفولِ".

نص ورسم: ميثاء الخياط

3

أ. ضَعِ الْإِشارَةَ ✓ أَمامَ الْجَوابِ الصَّحيحِ.

1. مَنْ هِيَ شَخْصِيّاتُ الْقِصَّةِ؟

☐ غَسّان وَالْجَدُّ ☑ غَسّان وَعَلِيّ وَالْجَدُّ ☐ الْجَدَّةُ وَالْجَدُّ

2. ماذا صَنَعَ غَسّان لِجَدِّهِ؟

☐ حِذاءً ☑ هاتِفًا ☐ قارِبًا

3. كَيْفَ يَتَواصَلُ غَسّان مَعَ عَلِيّ؟

☑ عَبْرَ الْهاتِفِ ☐ عَبْرَ رِسالَةٍ ☐ وَجْهًا لِوَجْهٍ

4. أَيْنَ يُحِبُّ الْجَدُّ أَنْ يَنامَ؟

☐ في الْبَيْتِ ☑ عِنْدَ شاطِئِ الْبَحْرِ ☐ في الْجَبَلِ

ب. أَجِبْ عَنِ الْأَسْئِلَةِ التّالِيَةِ:

1. حينَ يُنادي غَسّان جَدَّهُ، بِمَ يَرُدُّ عَلَيْهِ؟
2. لِماذا يُحِبُّ الْجَدُّ أَنْ يَنامَ أَمامَ الشّاطِئِ في رَأْيِكَ؟
3. أَيْنَ يَعيشُ عَلِيّ؟ لِماذا؟
4. هَلْ أَحَبَّ الْجَدُّ الْهاتِفَ الْمَحْمولَ؟ كَيْفَ عَرَفْتَ ذَلِكَ؟
5. لِماذا في رَأْيِكَ يَسْأَلُ غَسّان عَنْ طولِ الْحَبْلِ إِلَى الْيابان؟ فَسِّر إِجابَتَكَ.

4

كَلِماتٌ بَصَرِّيَّةٌ أَسْتَطيعُ أَنْ أَقْرَأَها بِسُرْعَةٍ.

1. كانَ
2. أَنا
3. هَذا
4. يا
5. ماما

نَكْتُبُ

1

أ. قَطِّعِ الْكَلِماتِ التّالِيَةَ إِلَى أَصْواتِها الْقَصيرَةِ وَالطَّويلَةِ.

ضَعْ كُلًّا مِنْها في الْجَدْوَلِ.

مَحْمولٌ			
قادِمٌ			
أُنادي			

ب. رَكِّبِ الْمَقاطِعَ التّالِيَةَ لِتَحْصُلَ عَلَى الْكَلِمَةِ الْمَطْلوبَةِ.

صَ	نَعْ	تُ	
ثَ	قَبْ	تُ	
مَ	دَدْ	تُ	

ج. اِقْرَأ الْكَلِمَةَ ثُمَّ احْذِفِ الْمَقْطَعَ الْأَوَّلَ مِنْها وَاكْتُبْها وَارْسُمِ الْكَلِمَةَ الْجَديدَةَ.

سَماءٌ: ________

د. أَضِفِ الْحَرْفَ / م / إِلَى الْكَلِمَةِ "سَبَحَ" في أَوَّلِها ثُمَّ اكْتُبْها وَاقْرَأْها.

سَبَحَ: ______

هـ. اِسْتَمِعْ إِلَى الْمُعَلِّمِ وَاُكْتُبِ الْكَلِماتِ الْمَطْلوبَةَ بِشَكْلٍ صَحيحٍ.

______

______

2

رَتِّبِ الْكَلِماتِ التّالِيَةَ لِلْحُصولِ عَلَى جُمْلَةٍ صَحيحَةٍ.

لَكَ - عاجِلًا - أَتَمَنّى - شِفاءً

______

النَّجاحُ - مُبارَكٌ - الْمُسابَقَةِ - في

______

أَشْكُرُكَ - عَلَى - الاِسْتِقْبالِ - حُسْنِ

______

3 إِمْلَأْ الْفَراغَ بِالْعِباراتِ الْمُناسِبَةِ لِكُلِّ خانَةٍ وَاكْتُبْها في الْبِطاقَةِ الصَّحيحَةِ.

عَزيزي طارِق،	شُكْرًا لَكُمْ	صَديقُكَ جَميل

أَتَمَنّى أَنْ تَكونَ بِخَيْرٍ. اِشْتَقْتُ لَكَ كَثيرًا. وَأَنا أَنْتَظِرُكَ في فَصْلِ الصَّيْفِ لِنَسْبَحَ وَنَلْعَبَ.

نَشْكُرُكُمْ عَلى حُسْنِ الضِّيافَةِ وَالِاسْتِقْبالِ.

4 أُكْتُبِ الْعِبارَةَ الصَّحيحَةَ تَحْتَ كُلٍّ مِنَ الْبِطاقَتَيْنِ لِلْمُناسَباتِ الْمُخْتَلِفَةِ.

5 أَنْتَ كاتِبٌ

اِخْتَرْ شَخْصًا يَعيشُ بَعيدًا عَنْكَ.

أَرْسِلْ إِلَيْهِ رِسالَةً.

فَكِّرْ ثُمَّ شارِكْ زَميلَكَ الْفِكْرَةَ.

أُكْتُبْ بِمُفْرَدِكَ وَاسْتَخْدِمْ خَريطَةَ التَّنْظيمِ.

مَنْ؟

ماذا؟

لِماذا؟

مِنْ؟

مَتَى؟

راجِعْ عَمَلَكَ.

راجِعْ عَمَلَكَ مَعَ زَميلٍ آخَرَ: اِسْأَلْهُ عَنْ رَأْيِهِ في فِكْرَتِكَ وَقَدِّمْ لَهُ رَأْيَكَ في فِكْرَتِهِ.
ثُمَّ اجْتَمِعْ مَعَ الْمُعَلِّمِ وَصَحِّحْ عَمَلَكَ. وَأَعِدْ كِتابَتَهُ في وَرَقَةٍ مُناسِبَةٍ.
شارِكِ الْأَهْلَ وَالزُّمَلاءَ وَعَلِّقْهُ في الصَّفِّ عَلَى الْحَبْلِ.

التَّحِيَّةُ **التّاريخُ:** ____________

اِسْمُ الصَّديقِ:

____

جِسْمُ الرِّسالَةِ: ____________________

____

التَّوْقيعُ

ثَقافَةٌ

مُقارَنَةٌ بَيْنَ «قُبْطان» وَ«captain».
ماذا يُمْكِنُ أَنْ يَصْطادَ الصَّيّادُ غَيْرَ الْأَسْماكِ؟ وَعَمَّ يَبْحَثُ في الْبَحْرِ؟

وَقْتٌ أَقْضيهِ مَعَ أَهْلي بِاللُّغَةِ الْعَرَبِيَّةِ

أعزّائي أولياء الأمور،

نتناول في هذه الوحدة "كيف نتواصل مع الآخرين؟" فكرة التواصل والتحدّث مع الآخر، بطرح السؤال "كيف أتواصل مع الآخر؟"

من خلال العمل على تفكيك هذا المفهوم ببساطة لتلاميذنا، نعمل على إيصال تلك الفكرة من خلال النص "المحمول وعلبة الفول" وعبر وسائل تفاعليّة تابعة له وللمهارات والكفايات الأخرى.

أدعوكم إلى متابعة أنشطة الصف، والعمل على الاستماع إلى اللغة العربيّة والاستمتاع بها مع أبنائكم من خلال ما نوفّره لكم من اقتراحات في هذا القسم من الكتاب.

1. اطلبوا من ابنتكم / ابنكم أن يخبركم عن التشابه بين الكلمة «قبطان» بالعربية وبالإنكليزية أو بالفرنسية، وابحثوا معه عن صور حول هذا الموضوع، مثل إحضار قبّعة القبطان أو لعبة على شكل سفينة ليتشاركها مع زملائه في الصف.
2. اطلبوا من ابنتكم / ابنكم أن يخبركم عن كيفية صنع البطاقة مستخدمًا المفردات المكتسبة في الصف.
3. اطلبوا من ابنتكم / ابنكم أن يحدّثكم عن محتوى بطاقته ولمن يحبّ أن يرسلها.

تَقْييمٌ

Me and my parents!

Dear Parents,

In this first unit of the book: "How do we communicate?", we address the idea of communication and acquaintance through a main question: how do I communicate with others?

We target teaching them this concept through the text given for this lesson and through other interactive methods accompanying it and related to the desired targets and goals as well.

We invite you to follow their classroom activities and work with them at home. Listen to their enthusiasm and enjoy with them the process of learning Arabic through the suggestions we offer in this section of the book.

1. Ask your child to tell you about the word captain and its similarity in Arabic language and look together in getting images about that topic such as the hat of a captain or his pipe or a small ship as a toy for example and ask your child to get what he / she would love to show and tell us in the class about it.
2. Ask your child to tell you how he created his own card using some vocabulary words learned in class.
3. Ask your child to tell you about the content of his / her card and to whom he / she would love to send it to.

Assessment

كَيْفَ نَتَعَلَّمُ مِنْ تَواصُلِنا مَعَ الْآخَرينَ؟

كَيْفَ أَتَعَلَّمُ مِنْ تَواصُلي مَعَ الْآخَرينَ؟

الْمُفْرَداتُ

1. تَرْأَفُ
2. أَحْنَى
3. أَنْجو
4. الْمُؤَنِّبُ
5. وَيْحٌ
6. الْمُعَذَّبُ

هَيّا نَسْتَمِعْ

1 **اِسْتَمِعْ إِلَى سُؤالِ الْمُعَلِّمِ.**

اِنْتَقِلْ إِلَى زَميلٍ ثُمَّ إِلَى زَميلَةٍ وَاسْأَلْهُما عَنْ شُعورِ كُلٍّ مِنْهُما.

اِسْتَمِعْ إِلَى قِراءَةِ الْمُعَلِّمِ.

اِطْرَحْ سُؤالًا لِتَفْهَمَ أَكْثَرَ.

أَعِدْ سَرْدَ ما فَهِمْتَهُ لِزَميلٍ لَكَ.

2 **ماذا تَفْعَلُ مَعَ جَدِّكَ؟ مَعَ جَدَّتِكَ؟ هَلْ مِنْ هِوايَةٍ تُمارِسُها مَعَهُما؟**

هَلْ يُدافِعانِ عَنْكَ أَحْيانًا إِذا أَرادَ بابا أَوْ ماما مُعاقَبَتَكَ؟

3 **مِشْوارٌ... وَقَرارٌ**

اِسْتَمَعْتَ إِلَى النَّشْرَةِ الْجَوِّيَّةِ وَعَلِمْتَ أَنَّ هُناكَ أَمْطارًا وَعَواصِفَ، وَأَنَّ الْأَمْطارَ غَزيرَةٌ وَالرِّياحَ قَوِيَّةٌ...

هَلْ سَتَذْهَبُ لِزِيارَةِ الْجَدَّةِ؟ أَمْ سَتُلْغي هَذا الْمِشْوارَ؟

تَحَدَّثْ مَعَ زَميلِكَ وَاسْأَلْ: هَلْ سَنُلْغي الْمِشْوارَ؟

أَخْبِرا الصَّفَّ ما هُوَ الْقَرارُ الَّذي اتَّخَذْتُماهُ.

اِسْتَخْدِمْ كَلِماتٍ مِنْ حائِطِ الْمُفْرَداتِ.

4 اِسْتَمِعْ إِلَى النَّصِّ: "لي جَدَّةٌ"

نَصُّ: أَحْمَد شَوْقي

لي جَدَّةٌ تَرْأَفُ بي　　أَحْنَى عَلَيَّ مِنْ أَبي
وَكُلُّ شَيْءٍ سَرَّني　　تَذْهَبُ فيهِ مَذهَبي
إِنْ غَضِبَ الْأَهْلُ عَلَيَّ　　كُلُّهُمْ لَمْ تَغْضَبِ
مَشى أَبي يَومًا إِلَيَّ　　مِشْيَةَ الْمُؤَدِّبِ
غَضْبانَ قَدْ هَدَّدَ بِالضَّرْ　　بِ وَإِنْ لَمْ يَضْرِبِ
فَلَمْ أَجِدْ لِيَ مِنْهُ غَيْرَ　　جَدَّتي مِنْ مَهْرَبِ
فَجَعَلَتْني خَلْفَها　　أَنْجو بِها وَأَخْتَبي
وَهِيَ تَقولُ لِأَبي　　بِلَهْجَةِ الْمُؤَنِّبِ
وَيْحٌ لَهُ وَيْحٌ لِهَ　　ذا الْوَلَدِ الْمُعَذَّبِ
أَلَمْ تَكُنْ تَصْنَعُ ما　　يَصْنَعُ إِذا أَنْتَ صَبِي

هَيّا نَحْكِ

1 اِخْتَرِ الصّورَةَ الَّتي تُطابِقُ هِوايَةَ جَدِّكَ أَوْ جَدَّتِكَ، وَقُمْ بِبِناءِ جُمْلَةٍ شَفَهِيَّةٍ تُعَبِّرُ عَنْها.

1. رُكوبُ الدَّرّاجَةِ

2. الرَّسْمُ

3. صُنْعُ الْحَلْوَى

4. الْقِراءَةُ

5. كُرَةُ السّلَّةِ

6. الْمَشْيُ

2

أُرْسُمْ جَدَّتَكَ وَعَبِّرْ شَفَهِيًّا عَنْ صِفاتِها الْخارِجِيَّةِ مِنْ خِلالِ أَسْئِلَةِ الْمُعَلِّمِ الْمُوَجَّهَةِ إِلَيْكَ.

3 اِطْرَحِ السُّؤالَ عَلَى زَميلٍ وَاسْتَمِعْ إِلَيْهِ.

مَتَى تَزورُ جَدَّتَكَ وَماذا تَفْعَلُ مَعَها؟

إِنْ كانَتْ جَدَّتُكَ تَسْكُنُ مَعَكُمْ، ماذا تُحِبُّ أَنْ تَفْعَلَ مَعَها؟

وَرْشَةُ الْمُفْرَداتِ

1 لُعْبَةُ التَّماثيلِ الصّامِتَةِ، "تَمْثيلٌ وَتَماثيلُ".

جَسِّدِ الْمُفْرَداتِ الْمُكْتَسَبَةَ مِنَ النَّصِّ: "لي جَدَّةٌ".

2 إبحَث في النَّصّ عَنْ ثَلاثِ كَلِماتٍ تُشْبِهُ الْكَلِمَةَ "غاضِبٌ"، وَاكْتُبْها.

يقرأ

يضحك

احذر

3 اِسْتَمِعْ إِلَى الْكَلِماتِ وَتَأَمَّلِ الصُّوَرَ، ثُمَّ صِلْ كُلَّ كَلِمَةٍ بِضِدِّها.

.1 

سَرَّني

.2 

خَلْفَ

.3 

أَخْتَبِئُ

.4 

غاضِبٌ

أ. 

أَمامَ

ب. 

هادِئٌ

ج. 

أَظْهَرُ

د. 

أَحْزَنَني

4 اِسْتَمِعْ لِقِراءَةِ الْمُعَلِّمِ ثُمَّ صِلِ الْجُمْلَةَ بِالصّورَةِ الْمُناسِبَةِ لَها.

1. غَضِبَ الطِّفْلُ الصَّغيرُ وَبَكى.
2. تَرْأَفُ الْعُصْفورَةُ بِصِغارِها في الْعُشِّ.
3. يَجْلِسُ الْوَلَدُ الصَّغيرُ في الْخَلْفِ.
4. اِخْتَبَأَ الْفَأْرُ في جُحْرِهِ.

أ. 

ب. 

ج. 

د. 

نَقْرَأُ

1 اِقْرَأْ مَعَ زُمَلائِكَ وَالْمُعَلِّمِ نَصَّ الْقِراءَةِ الْمُشْتَرَكَةِ.

أَظْهِرِ الْحَماسَةَ وَنَظِّمْ صَوْتَكَ مَعَ صَوْتِ الزُّمَلاءِ.

2 أُكْتُبْ كَمْ مَرَّةً وَرَدَتْ كُلُّ كَلِمَةٍ مِنَ الْكَلِماتِ التّالِيَةِ:

تَرْأَفُ: ____________________

أَحْنَى: ____________________

أَنْجو: ____________________

الْمُؤَنِّبُ: ____________________

وَيْحٌ: ____________________

الْمُعَذَّبُ: ____________________

3

أُجِبْ عَنِ الْأَسْئِلَةِ مُسْتَعينًا بِالنَّصِّ.

1. مَنْ هِيَ شَخْصِيّاتُ الْقِصَّةِ؟
2. أَيْنَ اخْتَبَأَ الْوَلَدُ؟
3. بِماذا هَدَّدَ الْأَبُ وَلَدَهُ؟
4. كَيْفَ هِيَ الْجَدَّةُ؟ اِسْتَخْرِجْ جُمْلَةً تَدُلُّ عَلى ذٰلِكَ.
5. كَيْفَ دافَعَتِ الْجَدَّةُ عَنِ الْوَلَدِ؟ وَماذا قالَتْ لِلْأَبِ؟
6. في رَأْيِكَ، كَيْفَ شَعَرَ الْأَبُ بَعْدَ ما قالَتْهُ لَهُ أُمُّهُ (أَيْ جَدَّةُ الْوَلَدِ)؟

4

كَلِماتٌ بَصَرِيَّةٌ أَسْتَطيعُ أَنْ أَقْرَأَها بِسُرْعَةٍ.

1. بابا
2. في
3. مِنْ
4. مَعَ
5. كُلّ

نَكْتُبُ

1

أ. قَطِّعِ الْكَلِماتِ التّالِيَةَ إِلَى أَصْواتِها الْقَصيرَةِ وَالطَّويلَةِ.

ضَعْ كُلًّا مِنْها في الْجَدْوَلِ.

يَصْنَعُ	يص	ن	ع
غَضِبَ	غ	ض	ب
يَضْرِبُ	يض	ر	ب

ب. رَكِّبِ الْمَقاطِعَ لِتَحْصُلَ عَلَى الْكَلِمَةِ الْمَطْلوبَةِ.

أَنْ	جو		أنجو
غَضْ	با	نُ	غضبان
ذَ	هَ	بَ	ذهب

ج. اِسْتَمِعْ إِلَى الْمُعَلِّمِ وَاكْتُبِ الْكَلِماتِ الْمَطْلوبَةَ بِشَكْلٍ صَحيحٍ.

ذهبت جنى الى السوق

2 **عَرِّفْ بِجَدَّتِكَ مِنْ خِلالِ الْبِطاقَةِ التّالِيَةِ.**

- اِسْمُها: ______________________
- أُناديها: ______________________
- عُمْرُها ______ سَنَةً.
- لَوْنُ شَعْرِها ______ وَهِيَ ______ الْقامَةِ وَبَشْرَتُها ______
- هِواياتُها: ______________________
- تَعْمَلُ أَوْ عَمِلَتْ: ______________________
- أُحِبُّ جَدَّتي لِأَنَّها______________________

3 **سَهْلٌ وَصَعْبٌ**

تَحَدَّثْ مَعَ زَميلِكَ عَنِ النَّصِّ وَكَيْفَ وَجَدْتَهُ. هَلْ كانَ سَهْلًا أَمْ صَعْبًا؟
صَنِّفِ الْمَوادَّ الدِّراسِيَّةَ كَما تَجِدُها مِنْ وِجْهَةِ نَظَرِكَ "سَهْلَةً - صَعْبَةً"، مُوَضِّحًا السَّبَبَ كُلَّما أَمْكَنَ ذَلِكَ.

تَحَدَّثْ مَعَ زَميلِكَ، ثُمَّ أُكْتُبْ في عَرَبَةٍ لائِحَةً بِما تَجِدُهُ أَكْثَرَ صُعوبَةً، وَفي عَرَبَةٍ أُخْرَى ما تَجِدُهُ أَسْهَلَ.

اِبْحَثْ مَعَ الزُّمَلاءِ عَمَّنْ لَدَيْهِ نَفْسُ تَفْضيلاتِكَ.

أُرْسُما صورَةً تُعَبِّرُ عَنِ الْمادَّةِ الْمُفَضَّلَةِ عِنْدَكُما وَاكْتُبا تَحْتَها جُمْلَةً تُعَبِّرُ عَنْ ذَلِكَ.

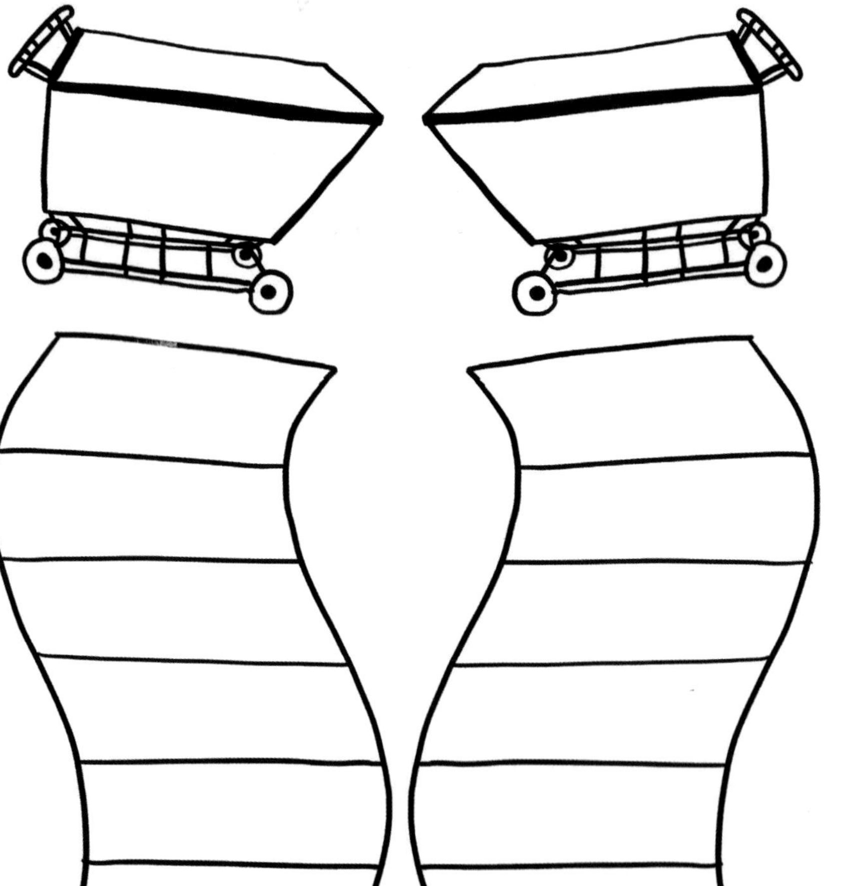

ثَقافَةٌ

كَيْفَ تَخْتَلِفُ عَلاقَةُ الْجَدِّ بِالْحَفيدِ بَيْنَ بَلَدٍ وَآخَرَ؟ تَواصَلْ مَعَ زُمَلائِكَ مِنْ وَطَنِ الْإِقامَةِ وَوَطَنِكَ الْأُمِّ وَشارِكْنا ما تَوَصَّلْتَ إِلَيْهِ.

ما اسْمُ الْجَدَّةِ في كُلِّ بَلَدٍ؟ تيتا - نانا...

مُقارَنَةٌ بَيْنَ الْوَسائِلِ الْقَديمَةِ وَالْوَسائِلِ الْحَديثَةِ أَوِ الزَّمَنِ الْماضي وَالْحاضِرِ:

ما هِيَ الْوَسائِلُ الْمُسْتَخْدَمَةُ قَديمًا؟ وَالْوَسائِلُ الْمُسْتَخْدَمَةُ حَديثًا؟

وَقْتٌ أَقْضيهِ مَعَ أَهْلي بِاللُّغَةِ الْعَرَبِيَّةِ

أعزّائي أولياء الأمور،

نتناول في هذه الوحدة: "كيف نتعلّم من تواصلنا مع الآخرين؟"

من خلال العمل على تفكيك هذا المفهوم ببساطة لتلاميذنا، نعمل على إيصال تلك الفكرة من خلال النصّ "لي جدّة" وعبر وسائل تفاعليّة تابعة له وللمهارات والكفايات الأخرى.

أدعوكم لمتابعة أنشطة الصف، والعمل على الاستماع إلى اللغة العربيّة والاستمتاع بها مع أبنائكم، من خلال ما نوفّره لكم من اقتراحات في هذا القسم من الكتاب.

1. اطلبوا من ابنتكم / ابنكم أن يحضر صورة جدّته أو جدّه للتحدث عنها / عنه في الصف.
2. استمعوا مع ابنتكم / ابنكم إلى التسجيلات الصفية عن جدّته أو جدّه وتشاركوها مع جدّيه.
3. اطلبوا من ابنتكم / ابنكم أن يشارككم التحدّث عن معلومات عن جدّته أو جدّه من خلال العمل المنجز في الكتاب.

تَقْييمٌ

Me and my parents!

Dear Parents,

In this first unit of the book:"How do we learn from each other's when we communicate?", we address the idea of communication and acquaintance through a main question:"How do we learn from each other's when we communicate?"

We target teaching them this concept through the text given for this lesson and through other interactive methods accompanying it and related to the desired targets and goals as well.

We invite you to follow their classroom activities and work with them at home. Listen to their enthusiasm and enjoy with them the process of learning Arabic through the suggestions we offer in this section of the book.

1. Ask your child to bring a picture of his / her grandmother / grandfather so he can share some info and talk about in the classroom.
2. Listen with your child to the audios being registered and worked upon this topic in class and invite the grandparents to listen to it.
3. Ask your child to tell you about the content of his / her work for his / her grandmother / grandfather in the book writing section.

Assessment

دَعْوَةٌ إِلَى الْمُشارَكَةِ

نَصّ: جِنان حَشّاش - رَسْمُ: حَنان الْقاعي

الْخَميسُ 15 أَيّارُ / مايو 2019

صَديقي الْعَزيزُ غَسّان،

أَرْجو أَنْ تَكونَ بِخَيْرٍ.

أَكْتُبُ إِلَيْكَ كَيْ أُخْبِرَكَ عَنْ نَشاطاتي الرِّياضِيَّةِ.

يَوْمَ السَّبْتِ الْمُقْبِلِ، سَأُشارِكُ في سِباقِ الْجَرْيِ عَلَى الْكُرْسِيِّ الْمُتَحَرِّكِ. مُشارَكَتي تُشَجِّعُ أَصْحابَ الْهِمَمِ.

يَقولُ لي جَدّي دائِمًا عِنْدَما أَزورُهُ في بَيْتِهِ:

"لا تَدَعْ أَيَّ شَيْءٍ يوقِفُكَ".

أَتَمَنّى أَنْ تُشارِكَ في السِّباقِ.

أَنْتَظِرُ رَدَّكَ.

سَلامي إِلَيْكَ.

صَديقُكَ

آدَمُ

الْوَحْدَةُ 1

الدَّرْسُ 3

كَيْفَ نَحْتَرِمُ حُقوقَ الْآخَرينَ مِنْ خِلالِ تَواصُلِنا؟

كَيْفَ نَحْتَرِمُ حُقوقَ الْآخَرينَ مِنْ خِلالِ تَواصُلِنا؟

الْمُفْرَداتُ

1. أُخْبِرُكَ
2. أُشارِكُ
3. سِباقٌ
4. تُشَجِّعُ
5. أَزورُهُ
6. لا تَدَعْ

هَيّا نَسْتَمِعْ

1 **اِسْتَمِعْ إِلَى الْمُعَلِّمِ.**

صَباحُ الْخَيْرِ يا هَيا.

أَهْلًا، صَباحُ النّورِ يا فارِس.

هَلْ أَخْبَرْتِ روزي عَنِ الْمُسابَقَةِ؟

نَعَمْ أَخْبَرْتُها وَكانَتْ مُتَحمِّسَةً جِدًّا لِلْفِكْرَةِ!

كَيْفَ حالُكُما يا هيا وَيا فارِس؟ ما هُوَ النَّشاطُ الرِّياضِيُّ في هَذِهِ الْمُسابَقَةِ؟

أَهْلًا يا روزي، سَنُجْري مُباراةً في كُرَةِ السَّلَّةِ وَالْفَريقُ الرّابِحُ سَيَحْصُلُ عَلَى هَدِيَّةٍ رائِعَةٍ!

اِطْرَحْ سُؤالًا لِتَفْهَمَ أَكْثَرَ.

2 **اِسْتَمِعْ إِلَى النَّصِّ: "دَعْوَةٌ إِلَى الْمُشارَكَةِ"**

نَصُّ: جِنان حَشّاش، رَسْمُ: حَنان الْقاعي

3

أ. اِسْتَمِعْ إِلَى الْمُعَلِّمِ يَقْرَأُ الرِّسالَةَ الْإِلِكْتْرونِيَّةَ، ثُمَّ ضَعِ الْإِشارَةَ ✓ بِجانِبِ الرَّسْمِ الَّذي يَعْكِسُ مَوْضوعَها.

 ☐

 ☐

 ☐

 ☐

 ☐

 ☐

ب. اِذْهَبْ مَعَ زَميلِكَ وَاسْتَلِمِ الرِّسالَةَ مِنْ صُنْدوقِ الْبَريدِ وَاقْرَأْها مَعَهُ ثُمَّ عَلِّقْها بِجانِبِ الرَّسْمِ.

هَيّا نَحْكِ

1 عَبِّرْ شَفَهِيًّا مَعَ زَميلِكَ عَمّا تَراهُ في الصُّوَرِ، مُسْتَخْدِمًا اللُّغَةَ الْعَرَبِيَّةَ الْفَصيحَةَ.

.1

.2

.3

.4

2

تَحَدَّثْ عَمّا تَراهُ في الصُّوَرِ الْمُخْتَلِفَةِ لِأَصْحابِ الْهِمَمِ وَهُمْ يُمارِسونَ نَشاطاتٍ رِياضِيَّةً مُخْتَلِفَةً.

فَكِّرْ مَعَ زَميلِكَ وَتَحَدَّثا عَنِ الصُّوَرِ مَعَ بَقِيَّةِ الزُّمَلاءِ.

.1

.2

.3

3

اِخْتَرْ نَشاطًا رِياضِيًّا مُعَيَّنًا وَانْضَمَّ إِلَى مَجْموعَةٍ تَشارِكُكَ الرِّياضَةَ نَفْسَها.

اِسْتَعِنْ بِأَسْئِلَةِ الْمُعَلِّمِ لِتَأْليفِ حِوارٍ مَعَ زُمَلائِكَ في الْمَجْموعَةِ ثُمَّ أَجْروا هَذا الْحِوارَ.

مَنْ؟ | مَتى؟ | أَيْنَ؟ | كَيْفَ؟

وَرْشَةُ الْمُفْرَداتِ

1 اِسْتَمِعْ إِلَى الْمُعَلِّمِ، ثُمَّ اخْتَرِ الصّورَةَ الْمُناسِبَةَ لِكُلِّ مُفْرَدَةٍ مِنَ الْمُفْرَداتِ الْمُكْتَسَبةِ مِنَ النَّصِّ "دَعْوَةٌ إِلَى الْمُشارَكَةِ".

.1
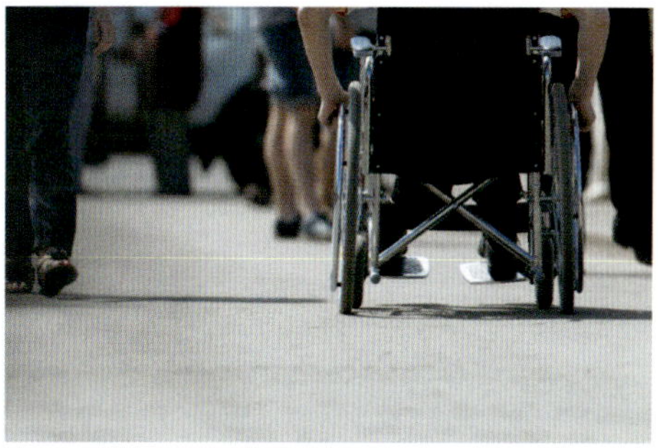

.2

.3

2

شارِكْ في السِّباقِ وَشَجِّعْ زُمَلاءَكَ عَلَى الْمُشارَكَةِ فِيهِ.

مَنْ سَيَفوزُ في السِّباقِ؟

أرْسُمْ في وَرَقَةٍ ما حَدَثَ، وَدَوِّنِ الْكَلِماتِ الَّتي تَعَلَّمْتَها عَلَى أَوْراقٍ لاصِقَةٍ مُلَوَّنَةٍ وَأَلْصِقْها عَلَى حائِطِ الْمُفْرَداتِ.

3

أَتَحَدَّثُ وَأَتَعَرَّفُ

أ. اِلْعَبْ مَعَ الْمُفرداتِ مِنْ خِلالِ تَغْييرِ أَشْكالِ الْكَلِماتِ.

أرْسُمْ دائِرَةً حَوْلَ الْفِعلِ الْمُناسِب، ثُمَّ اقْرَأ الْجُمْلَةَ وَأَعِدْ تَدْوينَ الْفِعْلِ في الْفُقّاعَةِ الْمُناسِبَةِ.

أَنا: أَجْري - تَجْري - يَجْري

هُوَ: أَجْري - تَجْري - يَجْري

هِيَ: أَجْري - تَجْري - يَجْري

ب. هاتِ مِنَ الدَّرْسِ كَلِمَةً تُشْبِهُ الْكَلِمَةَ "مُشارَكَتي" ثُمَّ اسْتَخْدِمْها في جُمْلَةٍ.

____

____

4

اِخْتَرِ الْكَلِمَةَ الْمُناسِبَةَ لِكُلٍّ مِنَ الْجُمَلِ الْآتِيَةِ:

الْجَرْي - تَشَجَّعَ - الْكُرْسِيِّ الْمُتَحَرِّكِ.

1. ________ الْأَوْلادُ عِنْدَما صَفَّقَ لَهُمُ الْمُعَلِّمُ.
2. ذَهَبَ آدَمُ إِلَى الْحَديقَةِ عَلَى ________
3. يُقامُ الْيَوْمَ سِباقٌ في ________ عِنْدَ السّاعَةِ السّابِعَةِ صَباحًا.

5

اِسْتَمِعْ إِلَى قِراءَةِ الْمُعَلِّمِ ثُمَّ صِلِ الْجُمْلَةَ بِالصّورَةِ الْمُناسِبَةِ لَها.

1. أَزورُ جَدَّتي يَوْمَ الْجُمُعَةِ. ○ ○ أ. 

2. أُحِبُّ الْمُشارَكَةَ في الصَّفِّ كَثيرًا. ○ ○ ب. 

3. لا تَرْكُنُ أُمّي سَيّارَتَها في المكان الْمُخَصَّصِ لِمُرورِ أَصْحابِ الْهِمَمِ. ○ ○ ج. 

4. حينَ أرَى شَخْصًا يَحْتاجُ مُساعَدَةً، أُحاوِلُ أنْ أُساعِدَهُ. ○ ○ د. 

5. أَتشارَكُ مَعَ أَخي الْأَلْعابَ في الْبَيْتِ. ○ ○ هـ. 

نَقْرَأُ

1 **أُكْتُبْ كَمْ مَرَّةً وَرَدَتْ كُلُّ كَلِمَةٍ مِنَ الْكَلِماتِ التّالِيَةِ في النَّصِّ:**

- أُخْبِرُكَ: ________
- أُشارِكُ: ________
- سِباقً: ________
- تُشَجِّعُ: ________

2 **اقْرَأْ نَصّ: "دَعْوَةٌ إِلَى الْمُشارَكَةِ".**

نَصُّ: جِنان حَشّاش، رَسْمُ: حَنان الْقاعي

3

1. ما نَوْعُ هَذا النَّصِّ؟ هاتِ ما يَدُلُّ عَلَى إِجابَتِكَ.
2. ما تاريخُ الْيَوْمِ الَّذي كُتِبَ فيهِ؟
3. ما الَّذي يُريدُ آدَمُ أَنْ يُشارِكَ فيهِ؟
4. كَيْفَ سَيُشارِك آدَمُ في هَذا السِّباقِ؟
5. مَنْ سَيُشَجِّعُ آدَمُ عَلَى هَذا النَّشاطِ؟
6. ماذا تَمَنَّى آدَمُ عَلَى صَديقِهِ؟

كَيْفَ نَحُلُّ مَشاكِلَنا مَعَ الْآخَرينَ؟

هَلْ يُفْسِدُ اخْتِلافُ الرَّأْيِ الصَّداقَةَ؟

الْمُفْرَداتُ

1. مُتَخاصِمونَ
2. نَلْتَقي
3. حَلًّا
4. التَّصْويتُ
5. كَنْزٌ
6. ظَنَّ

هَيّا نَسْتَمِعْ

1 اِسْتَمِعْ إِلَى سُؤالِ الْمُعَلِّمِ وَصَوِّتْ وَفْقَ إِرْشاداتِهِ.

أَعِدْ سَرْدَ ما فَهِمْتَهُ لِزَميلٍ لَكَ.

2 اِسْتَمِعْ إِلَى الْحِوارِ.

ضَعِ الْإِشارَةَ "✓" أَوْ "✕" أَمامَ كُلِّ جُمْلَةٍ.

والِدَةُ روزي تُحَضِّرُ الشّايَ في الْبَيْتِ.	
روزي لَيْسَتْ بِخَيْرٍ وَلَمْ تُنْهِ دُروسَها.	
جَدَّةُ روزي مُنْشَغِلَةٌ مَعَ صَديقَتِها.	
خالُ روزي رِياضِيٌّ ماهِرٌ.	

3 اِسْتَمِعْ إِلَى الْحِكايَةِ مِنَ الْمُعَلِّمِ.

4

اِسْتَمِعْ إِلَى النَّصِّ: "مَنْ كَسَرَ النَّظّارَةَ؟"

نَصُّ: ري عَبْد الْعال

مَنْ كَسَرَ النَّظارَةَ؟

أَصْدِقاؤُنا الْأَعِزّاءُ أَحْمَد وَخالِد وَسَلْمى

الْوَقْتُ يَمُرُّ حَزينًا وَنَحْنُ مُتَخاصِمونَ.

وَقَعَتْ نَظّارَةُ أَحْمَد أَثْناءَ اللَّعِبِ وَظَنَنْتُمْ أَنَّ رامي كَسَرَها.

لَكِنَّهُ لَمْ يَفْعَلْ، لِذَلِكَ يَجِبُ أَنْ نَلْتَقيَ وَيَسْتَمِعَ بَعْضُنا إِلَى بَعْضٍ.

نَحْنُ أَصْدِقاءٌ مُنْذُ زَمَنٍ طَويلٍ وَكُنّا دائِمًا نَجِدُ حَلًّا في الْمَواقِفِ الصَّعْبَةِ.

وَجَدْنا حَلًّا لِاخْتِيارِ أَلْعابِنا الْمُشْتَرَكَةِ بِحَسَبَ التَّصويتِ لِلْأَكْثَرِيَّةِ.

وَاتَّفَقْنا عَلَى أَنْ يَعْتَذِرَ بَعْضُنا مِنْ بَعْضٍ عِنْدَما نُخْطِئُ.

صَداقَتُنا كَنْزٌ ثَمينٌ، فَلْنُحافِظْ عَلَيْها.

هَيّا نَحْكِ

1 اِخْتَرْ صورَةً وأَلِّفْ مَعَ زَميلٍ لَكَ حِوارًا شَفَهِيًّا عَلَيْها، ثُمَّ اطْلُبْ مِنْهُ اخْتِيارَ صورَةٍ أُخْرَى وَلْيُقِمْ مَعَكَ حِوارًا آخَرَ بِناءً عَلَيْها.

1. 

2. 

3. 

4. 

وَرْشَةُ الْمُفْرَداتِ

1 اِخْتَرِ الصّورَةَ الْمُناسِبَةَ لِكُلٍّ مِنَ الْمُفْرَداتِ الْمُكْتَسَبَةِ مِنَ النَّصِّ "مَنْ كَسَرَ النَّظّارَةَ؟"

1. 

2. 

3. 

4. 

5. 

6. 

2 عَبِّرْ بِجُمْلَةٍ عَنْ سَبَبِ تَخاصُمِ الْأَوْلادِ في الصُّوَرِ التّالِيَةِ:

1. ________________________________

2. ________________________________

3. ______________________________

3

اِخْتَرِ الْكَلِمَةَ الْمُناسِبَةَ لِكُلٍّ مِنَ الْجُمَلِ الْآتِيَةِ:

كَنْزًا - النَّظّارَةَ - انْكَسَرَ - التَّصْويتُ

1. وَجَدَ عَلي بابا ______ ثَمينًا في الْمَغارَةِ.
2. وَقَعَ الْفِنْجانُ عَلَى الْأَرْضِ وَ ______.
3. ______ سَيَكونُ غَدًا لِنَخْتارَ أَحْلَى لَوْحَةٍ!
4. وَضَعَ التِّلْميذُ ______ لِيَنْسَخَ الْكَلِماتِ بِطَريقَةٍ صَحيحَةٍ.

4

صِلِ الْكَلِمَةَ الَّتي في صيغَةِ الْمُفْرَدِ بِصيغَتِها في الْجَمْعِ.

1. نَظّارَةٌ	أ. أَصْدِقاءُ
2. صَديقٌ	ب. أَلْعابٌ
3. مُتَخاصِمٌ	ج. نَظّاراتٌ
4. لُعْبَةٌ	د. مُتَخاصِمونَ
5. الْعَزيزُ	هـ. الْمَواقِفُ
6. الْمَوْقِفُ	و. الْأَعِزّاءُ

نَقْرَأُ

1 **أُكْتُبْ كَمْ مَرَّةً وَرَدَتْ كُلُّ كَلِمَةٍ مِنَ الْكَلِماتِ التّالِيَةِ:**

مُتَخاصِمونَ: ________________

نَلْتَقي: ________________

حَلًّا: ________________

التَّصْويتُ: ________________

كَنْزٌ: ________________

ظَنَّ: ________________

2 **اِقْرَأْ نَصّ: "مَنْ كَسَرَ النَّظّارَةَ؟".**

3 **أَجِبْ عَنِ الْأَسْئِلَةِ مُسْتَعينًا بِالنَّصِّ.**

1. كَيْفَ تَواصَلَ الْأَصْدِقاءُ في هَذا النَّصِّ؟ هاتِ ما يَدُلُّ عَلَى إِجابَتِكَ.
2. كَيْفَ حالُ الْأَوْلادِ؟ لِماذا؟
3. مَتَى وَقَعَتْ نَظّارَةُ أَحْمَد؟
4. ماذا ظَنَّ الْأَوْلادُ عِنْدَما انْكَسَرَتِ النَّظّارَةُ؟
5. كَيْفَ انْكَسَرَتْ هَذِهِ النَّظّارَةُ؟ عَلِّلْ إِجابَتَكَ.
6. كَيْفَ فَكَّرَ رامي وَيَزَن في حَلِّ الْمُشْكِلَةِ؟ هاتِ مِنَ النَّصِّ ما جَعَلَكَ تَفْهَمُ ذَلِكَ.
7. هَلْ لَدَيْكَ صَديقٌ تُحِبُّهُ؟ لِماذا هُوَ كَنْزٌ بِالنِّسْبَةِ إِلَيْكَ؟

4 **كَلِماتٌ بَصَرِيَّةٌ أَسْتَطيعُ أَنْ أَقْرَأَها بِسُرْعَةٍ.**

1. رَسَمَ
2. أَسْوَدُ
3. أَكَلَ
4. عِنْدَ
5. نَعَم

نَكْتُبُ

1

أ. قَطِّعِ الْكَلِماتِ التّالِيَةَ إِلَى أَصْواتِها الْقَصيرَةِ وَالطَّويلَةِ.

ضَعْ كُلًّا مِنْها في الْجَدْوَلِ.

وَقَعَ						
نَشاطٌ						
مُتَخاصِمونَ						

ب. رَكِّبِ الْمَقاطِعَ لِتَحْصُلَ عَلَى الْكَلِمَةِ الْمَطْلوبَةِ.

أَلْ	عا	بُ	نا		
صَ	دا	قَ	تُ	نا	
زُ	حا	فِ	ظُ		

ج. اِسْتَمِعْ إِلَى الْمُعَلِّمِ وَاكْتُبِ الْكَلِماتِ الْمَطْلوبَةَ بِطَريقَةٍ صَحيحَةٍ.

2 أُكْتُبْ رِسالَةً إِلَى صَديقِكَ تَطْلُبُ إِلَيْهِ الِاعْتِذارَ، ثُمَّ أَلْصِقْ عِبارَةَ الصَّداقَةِ الَّتي أَحْضَرْتَها وَضَعْها في رِسالَتِكَ.

اِسْمُ صَديقِكَ ____________

أَلْصِقْ عِبارَةَ الصَّداقَةِ بِلُغَتِكَ الْأُمِّ: ____________

جِسْمُ الرِّسالَةِ: ______________________________

____

____

أَلْصِقْ عِبارَةَ الصَّداقَةِ بِلُغَتِكَ الْأُمِّ: ____________

التَّوْقيعُ

ثَقافَةٌ

أُذْكُرِ الْقِصَصَ الَّتي قَرَأْتَها وَالَّتي تَبْحَثُ فيها الشَّخْصيّاتُ عَنْ كَنْزٍ... كَيْفَ تَقولُ الْكَلِمَةَ "كَنْزٌ" بِلُغَتِكَ الْأُمِّ؟

وَقْتٌ أَقْضيهِ مَعَ أَهْلي بِاللُّغَةِ الْعَرَبِيَّةِ

أعزّائي أولياء الأمور،

نتناول في هذه الوحدة: "كيف نحلّ مشاكلنا مع الآخرين؟"

من خلال العمل على تفكيك هذا المفهوم ببساطة لتلاميذنا، نعمل على إيصال تلك الفكرة من خلال النص "من كسر النظّارة؟" وعبر وسائل تفاعليّة تابعة له وللمهارات والكفايات الأخرى.

أدعوكم إلى متابعة أنشطة الصف، والعمل على الاستماع إلى اللغة العربيّة والاستمتاع بها مع أولادكم، من خلال ما نوفّره لكم من اقتراحات في هذا القسم من الكتاب.

1. استمعوا مع ابنتكم / ابنكم إلى التسجيلات التي قمنا بِها في الصفّ مع الرفاق.
2. ابحثوا مع ابنتكم / ابنكم عن أمثال عن الصداقة في لغته الأم، وليتشاركها مع زملائه في الصف.
3. شجّعوا ابنتكم / ابنكم على احترام الخيارات في البيت من خلال التصويت للأكثرية. يمكن القيام بذلك، من خلال التصويت على وجبة طعام تعدّها لهم أو على نشاط خارجي أو على اختيار يوم لمساعدتكم في الأعمال المنزلية أو عمل يقوم به بحسب الأدوار... إلخ.

تَقْييمٌ

Me and my parents!

Dear Parents,

In this first unit of the book: "How do we solve our problems with others?", we address the idea of communication and acquaintance through a main question: "How do we solve our problems with others?"

We target teaching them this concept through the text given for this lesson and through other interactive methods accompanying it and related to the desired targets and goals as well.

We invite you to follow their classroom activities and work with them at home. Listen to their enthusiasm and enjoy with them the process of learning Arabic through the suggestions we offer in this section of the book.

1. Listen to your child's recording we did in the class with his / her friends in the classroom about this topic.
2. Look with your child about certain quotes about friendship in his native language and let him / her share them with us in the classroom.
3. Encourage your child to respect others' majority choices at home using the voting technique (it could be through choosing a certain dish / activity outside / or even taking turns for helping in the house).

Assessment

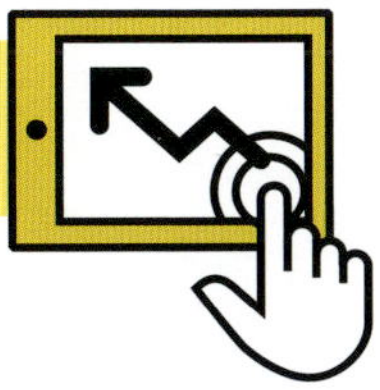

لا أَتواصَلُ مَعَ الْغُرَباءِ!

نَصّ: فَرَج الظّفيري - رسم: روان صدر

مُشْكِلَةٌ وَحَلٌّ

رِسالَةُ اعْتِذارٍ

صَديقي حَسَن

مَرْحَبًا،

طَلَبَ مِنّي بَعْضُ الْغُرَباءِ أَنْ أُشارِكَ في لُعْبَةٍ إِلِكْترونِيَّةٍ!

أَنا لا أَعْرِفُ هَؤُلاءِ الْغُرَباءَ! وَقَدْ حَذَّرَني بابا وَماما

مِنَ التَّواصُلِ مَعَ مَنْ لا أَعْرِفُهُ.

مممم... أَلَمْ تَسْمَعْ عَنِ الْحَوادِثِ الَّتي حَصَلَتْ لِبَعْضِ

الْأَطْفالِ الَّذينَ تَواصَلوا مَعَ الْغُرَباءِ؟!

يا إِلَهي... بَعْضُهُمْ أَشْرارٌ وَمُجْرِمونَ!

أَنا آسِفٌ يا صَديقي... لَنْ أَتَواصَلَ مَعَهُمْ...

وَأَرْجو أَنْ تَفْعَلَ مِثْلي.

تَقَبَّلِ اعْتِذاري.

صَديقُكَ،

سَعْد

كَيْفَ نَتَواصَلُ إِلِكْتْرونِيًّا بِأَمانٍ؟

هَلِ التَّواصُلُ الْإِلِكْتْرونِيُّ آمِنٌ في مُخْتَلِفِ أَوْجُهِهِ؟

الْمُفْرَداتُ

1. غُرباءُ
2. أَتَواصَلُ
3. حَذَّرَني
4. اِعْتِذاري
5. أَشْرارٌ
6. طَلَبْتَ

هَيّا نَسْتَمِعْ

1

شاهِدْ وَاسْتَمِعْ

شاهِدِ الْفيدْيو ثُمَّ تَحَدَّثْ مَعَ زَميلِكَ عَمّا فَهِمْتَهُ.

2

غَنِّ... غَنِّ...

اِسْتَمِعْ إِلَى الْأُغْنِيَةِ وَرَدِّدْها مَعَ زُمَلائِكَ، محاوِلًا اكْتِشافَ الْمَعْنَى وَالْجُمْلَةِ الْمُكَرَّرَةِ ثُمَّ كَرِّرِ الْجُمْلَةَ الْمَطْلوبَةَ مَعَ زُمَلائِكَ ودَوِّنْ صِفَةً أَعْجَبَتْكَ في الْفُقّاعَةِ الْفارِغَةِ.

ظَريفَةٌ		ظَريفٌ
لَطيفٌ	لَطيفَةٌ	جَميلٌ

3 **اِسْتَمِعْ إِلَى الْمُعَلِّمِ يَقْرَأُ كُلَّ فِقْرَةٍ وَصْفِيَّةٍ، ثُمَّ ضَعِ الْإِشارَةَ ✓ بِجانِبِ الرَّسْمِ الَّذي يَعْكِسُ مَوْضوعَها.**

الْفِقْرَةُ الْأولَى:

☐ 

☐ 

الْفِقْرَةُ الثّانِيَةُ:

☐ 

☐ 

الْفِقْرَةُ الثّالِثَةُ:

☐ 

☐ 

4 **اِسْتَمِعْ إِلَى النَّصِّ: "لا أَتَواصَلُ مَعَ الْغُرَباءِ"**

نَصّ: فَرَج الظّفيري، رسم: روان صدر

هَيّا نَحْكِ

1 عَبِّرْ شَفَهِيًّا مَعَ زَميلٍ لَكَ مِنْ خِلالِ الصُّوَرِ وَتَوْجيهِ الْمُعَلِّمِ، مُسْتَخْدِمًا اللُّغَةَ الْعَرَبِيَّةَ الْفَصيحَةَ.

أ.

ب.

ج.

2 إِخْتَرْ زَميلًا مِنَ الصَّفِّ، وَصِفْهُ مِنْ دونِ ذِكْرِ اسْمِهِ.
بَعْدَ أَنْ يَحْزِرَ الرِّفاقُ مَنْ وَصَفْتَ لَهُمْ، أُرْسُمْ زَميلَكَ.

3

اِسْتَعِنْ بِالنَّموذَجِ لِمُساعَدَتِكَ في التَّعْبيرِ شَفَهِيًّا عَنِ الشَّخْصِ الَّذي تَتَحَدَّثُ عَنْهُ وَتَعْتَبِرُهُ شَخْصًا مِن الْعائِلَةِ، ثُمَّ أَلْصِقْ صورَةَ الشَّخْصِ الَّذي تَعْتَبِرُهُ فَرْدًا مِنْ عائِلَتِكَ.

ما اسْمُ الشَّخْصِ؟
وَماذا تُناديهِ؟

مَتى الْتَقَيْتَ بِهِ؟ / مُنْذُ مَتى تَعْرِفُهُ؟

ماذا يُحِبُّ أَنْ يَفْعَلَ؟

أَلْصِقْ صورَةَ شَخْصٍ قَريبٍ إِلَى قَلْبِكَ وَتَعْتَبِرُهُ فَرْدًا مِنَ الْعائِلَةِ.

صِفْ هَذا الشَّخْصَ خارِجِيًّا.

لِماذا تُحِبُّ هَذا الشَّخْصَ؟

ثُمَّ اِسْتَمِعْ إِلَى وَصْفِ الشَّخْصِ الَّذي اخْتارَهُ كُلٌّ مِنْ زُمَلائِكَ في الصَّفِّ.

وَرْشَةُ الْمُفْرَداتِ

1

اِلْعَبْ وَتَعَلَّمْ مَعَ الْمُفْرَداتِ.

لافِتاتٌ... لافِتاتٌ... كَثيرَةٌ... كَثيرَةٌ... لافِتاتٌ تُحَذِّرُنا!

أُنْظُرْ إِلَى اللّافِتاتِ وَهاتِ مِنَ النَّصِّ كَلِمَةً لَها نَفْسُ الْمَعْنَى.

أُكْتُبْها هُنا: ______

أُرْسُمْ لافِتَةً لِلتَّحْذيرِ.

2 وَظِّفِ الْكَلِمَةَ "طَلَبْتُ" شَفَهِيًّا في جُمَلٍ مُخْتَلِفَةٍ مِنْ خِلالِ الصُّوَرِ.

أ. 

ب. 

طَلَبْتُ ____________

طَلَبْتُ ____________

3 أُنْظُرْ إِلَى الصُّوَرِ وَفَكِّرْ في الْمُفْرَدَةِ الَّتي تُناسِبُ كُلًّا مِنْها.

غُرَباءُ - أَصْدِقاءُ - طَلَبَ

أ.

ب.

ج.

4

أ. ساعِدِ الشَّخْصِيّاتِ عَلَى تَعَلُّمِ كُلِّ الْعِباراتِ.

ب. حاكِ النَّصّ وَاسْتَخْدِمِ الْعِباراتِ في الْحَديثِ مَعَ الشَّخْصِيّاتِ وَمَعَ زَميلِكَ.

أَنا لا أَعْرِفُ...

لَنْ أَتَواصَلَ...

أَلَمْ تَسْمَعْ...

نَقْرَأُ

1 **أُكْتُبْ كَمْ مَرَّةً وَرَدَتْ كُلُّ كَلِمَةٍ مِنَ الْكَلِماتِ التّالِيَةِ:**

غُرَباءُ: ____________

أَتَواصَلُ: ____________

حَذَّرَني: ____________

اِعْتِذاري: ____________

أَشْرارٌ: ____________

طَلَبْتَ: ____________

2 **إِقْرَأْ نَصّ: "لا أَتَواصَلُ مَعَ الْغُرَباءِ!".**

نَصّ: فَرَج الظّفيري، رسم: روان صدر

3 **أُجيبُ عَنِ الْأَسْئِلَةِ مُسْتَعينًا بِالنَّصِّ.**

1. مَنِ الْمُتَحَدِّثُ؟ إِلَى مَنْ يُرْسِلُ هَذِهِ الرِّسالَةَ؟
2. مَنِ الَّذي حَذَّرَ سَعْد مِنَ التَّواصُلِ مَعَ الْغُرَباءِ؟
3. بِمَ وَصَفَ سَعْد الْغُرَباءَ؟
4. هَلْ قَبِلَ سَعْد أَنْ يَتَواصَلَ مَعَ الْغُرَباءِ؟ اِسْتَخْرِجْ مِنَ النَّصِّ الْجُمْلَةَ الَّتي تَدُلُّ عَلَى ذَلِكَ.
5. ماذا تَمَنَّى سَعْد عَلَى صَديقِهِ حَسَن؟
6. ماذا سَيَحْدُثُ في رَأْيِكَ إِنْ شارَكَ حَسَن في اللُّعْبَةِ الْإِلِكْترونِيَّةِ؟
7. هَلْ يُمْكِنُكَ أَنْ تَتَحَدَّثَ عَنْ وَسائِلِ تَواصُلٍ أُخْرَى قَدْ تُسَبِّبُ لَنا مَشاكِلَ؟

4 **كَلِماتٌ بَصَرِيَّةٌ أَسْتَطيعُ أَنْ أَقْرَأَها بِسُرْعَةٍ.**

1. تَحْتَ
2. إِلَى
3. عَلَى
4. عِنْدي
5. نَحْنُ

نَكْتُبُ

1

أ. قَطِّعِ الْكَلِماتِ التّالِيَةَ إِلَى أَصْواتِها الْقَصيرَةِ وَالطَّويلَةِ.

ضَعْ كُلًّا مِنْها في الْجَدْوَلِ.

مُجْرِمونَ				
أَشْرارٌ				
طَلَبْتُ				

ب. رَكِّبِ الْمَقاطِعَ لِتَحْصُلَ عَلَى الْكَلِمَةِ الْمَطْلوبَةِ.

الْ	حَ	وا	دِ	ثُ	
الْ	أَطْ	فا	لُ		
غُ	رَ	با	ءٌ		

ج. اِسْتَمِعْ إِلَى الْمُعَلِّمِ وَاكْتُبِ الْكَلِماتِ الْمَطْلوبَةَ بِشَكْلٍ صَحيحٍ.

2 أُكْتُبْ فِقْرَةً وَصْفِيَّةً عَنْ شَخْصٍ تُحِبُّهُ، قَدْ يَكونُ قَريبَكَ أَوْ قَريبًا مِنْكَ، مُسْتَعينًا بِالنَّموذَجِ أَدْناهُ.

مَنْ هُوَ هَذا الشَّخْصُ؟ ______________

بِمَ تُنادِيهِ؟: ______________

مُنْذُ مَتى تَعْرِفُهُ؟: ______________

كَيْفَ هُوَ شَكْلُهُ؟: ______________

ماذا يُحِبُّ أَنْ يَفْعَلَ؟: ______________

لِماذا تُحِبُّهُ؟ ______________

أُرْسُمْ صورَةَ الشَّخْصِ في الْوَسَطِ.

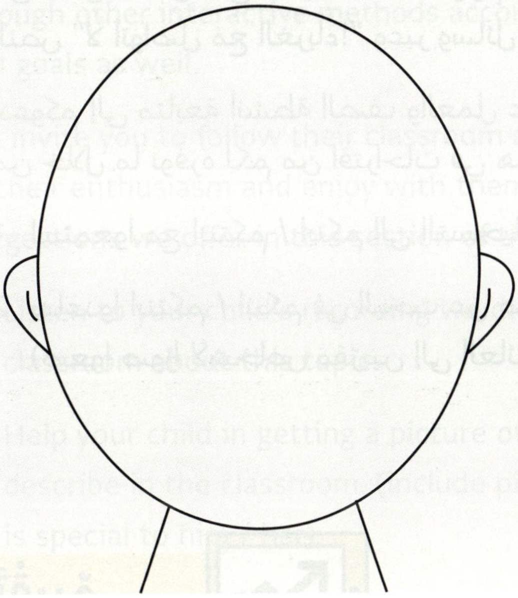

ثَقافَةٌ

أَنْتَ، بِمَاذا تُنادي أَقارِبَكَ؟

التَّسامُحُ

لِماذا مُهِمٌّ لَنا أَنْ يُسامِحَ بَعْضُنا بَعْضًا؟

الْمُفْرَداتُ

1. الْخَجَلِ
2. وَقَعْتُ
3. أَمْزَحُ
4. أَسْخَرُ
5. لَطيفٌ
6. تُسامِحَني

هَيّا نَسْتَمِعْ

1 اِسْتَمِعْ إِلَى نَشْرَةِ الْأَخْبارِ مِنَ الْمُعَلِّمِ وَشارِكْ بِالرَّدِّ عَلَى سُؤالِهِ.

2 اِسْتَمِعْ إِلَى حِكايَةِ الْمُعَلِّمِ.

- اِطْرَحْ سُؤالًا لِتَفْهَمَ أَكْثَرَ.
- أَعِدْ سَرْدَ ما فَهِمْتَهُ لِزَميلٍ لَكَ.

3

تَحَدَّثْ وَأَنْصِتْ

أَخْبِرْ زَميلَكَ عَمّا فَهِمْتَهُ مِنَ الْقِصَّةِ

تَبادَلْ مَعَهُ التّالي

- مَتى حَدَثَتِ الْقِصَّةُ؟
- أَيْنَ حَدَثَتْ؟
- مَنْ كانَ فيها؟
- ما الْمُشْكِلَةُ؟
- كَيْفَ حُلَّتِ الْمُشْكِلَةُ؟

4 اِسْتَمِعْ إِلَى النَّصِّ: "أَنا آسِفٌ"

نص: منى فليفل

عَزيزي رَواد،

هَلْ أَنتَ بِخَيْرٍ؟

أَشْعُرُ بِالْخَجَلِ لِأَنَّكَ وَقَعْتَ في الْمَلْعَبِ... وَكُنْتُ أَنا السَّبَبَ.

كُنْتُ أَمْزَحُ مَعَكَ...

كُنْتُ أَمْزَحُ كَثيرًا مَعَكَ.

أَمْزَحُ... وَأَنا أَرْمي الْكُرَةَ عَلَى وَجْهِكَ ...

أَمْزَحُ... وَأَنا أَسْخَرُ مِنْ مَلابِسِكَ...

أَنْتَ لَطيفٌ جِدًّا مَعي، وَأَنا لَمْ أَكُنْ لَطيفًا مَعَكَ...

أَنا آسِفٌ جِدًّا... أَتَمَنّى أَنْ تُسامِحَني.

هَذِهِ هَدِيَّتي لَكَ، إِنَّها "كُرَةُ قَدَمٍ".

هَلْ تَقْبَلُ أَنْ تَلْعَبَ مَعي؟

صَديقُكَ طارِق

هَيّا نَحْكِ

1 **عَبِّرْ شَفَهِيًّا عَنِ الصُّوَرِ التّالِيَةِ، ضِمْنَ ثُنائِيٍّ مُراعِيًا تَحْديدَ التَّعابيرِ الْمُناسِبَةِ.**

1. حَدِّدْ في هَذِهِ الصّورَةِ الزَّمانَ / الْمَكانَ / الشَّخْصِيّاتِ / الْحَدَثَ الرَّئيسَ.

2. حَدِّدْ في هَذِهِ الصّورَةِ الزَّمانَ / الْمَكانَ / الشَّخْصِيّاتِ / الْحَدَثَ الرَّئيسَ.

3. تَخَيَّلْ ما حَدَثَ في هَذِهِ الصّورَةِ: وَحَدِّدِ الزَّمانَ / الْمَكانَ / الْحَدَثَ / الشَّخْصيّاتِ الَّتي قَدْ تَكونُ سَبَبَتِ الْمُشْكِلَةَ لِلْفَتاةِ.

2 عَبِّرْ شَفَهِيًّا عَنِ كُلِّ صورَةٍ مِنَ صُوَرِ الْوُجوهِ التّالِيَةِ، ذاكِرًا سَبَبَ شُعورِكَ بِذَلِكَ.

.1

.2

.3

.4

3 عَبِّرْ مِنْ خِلالِ الرَّسْمِ عَمّا شاهَدْتَهُ في الْمَسْرَحِيَّةِ.

عُنْوانُ الْمَسْرَحِيَّةِ:

____

وَرْشَةُ الْمُفْرَداتِ

1 إخْتَرِ الصّورَةَ الْمُناسِبَةَ لِكُلِّ مُفْرَدَةٍ مِنَ الْمُفْرَداتِ الْمُكْتَسَبَةِ مِنَ النَّصّ "أَنا آسِفٌ"

1. كُرَةُ الْقَدَمِ ○   ○ أ. 

2. أَرْمي ○   ○ ب. 

3. خَجولٌ ○   ○ ج. 

4. طِفْلَةٌ وَقَعَتْ ○   ○ د. 

2 اِلْعَبْ وَتَعلَّمْ مَعَ الْمُفْرَداتِ.

اِخْتَرِ الْكَلِمَةَ أَوِ الْعِبارَةَ الْمُناسِبَةَ لِكُلِّ صورَةٍ مِنَ الصُّوَرِ التّالِيَةِ وَصِلْها بِها.
تَحَدَّثْ مَعَ زَميلِكَ عَنْ فَهْمِكَ لِلْمَعْنَى.

1. يَسْخَرُ مِنْ زَميلِهِ ○ ○ أ.

2. تَسْخَرُ مِنْ زَميلَتِها ○ ○ ب.

3. يَسْخَرونَ مِنْ زَميلِهِمْ ○ ○ ج.

4. خَجولٌ ○ ○ د.

5. هَلْ تُسامِحُني؟ ○ ○ هـ.

3

تَراكيبُ لُغَوِيَّةٌ

أ. اِعْمَلْ عَلَى نَمَطِ الْمِثالِ وَاكْتُبْ ثُمَّ اقْرَأ الْكَلِمَةَ الْمَكْتوبَةَ.

هَدِيَّةٌ	هَدِيَّتي	هَدِيَّتُكَ	هَدِيَّتُكِ
كُرَةٌ			
مَلْعَبٌ			
صَديقٌ			
وَجْهٌ			
مَلابِسُ			

ب. حاكِ الْكاتِبَةَ:

تَحَدَّثْ مَعَ زَميلِكَ وَهاتِ جُمَلًا جَديدَةً مُسْتَخْدِمًا الْمِثالَ "هَلْ تَقْبَلُ هَدِيَّتي؟":

صَداقَتي / اعْتِذاري / أَنْ تَلْعَبَ مَعي / مُساعَدَتي لَكَ في... / مُشارَكَتي في...

أُكْتُبْ أَفْضَلَ جُمْلَتَيْنِ عِنْدَكَ.

نَقْرَأُ

1 **أُكْتُبْ كَمْ مَرَّةً وَرَدَتْ كُلُّ كَلِمَةٍ مِنَ الْكَلِماتِ التّالِيَة.**

الْخَجَلِ: ______________

وَقَعْتَ: ______________

أَمْزَحُ: ______________

أَسْخَرُ: ______________

لَطيفٌ: ______________

تُسامِحَني: ______________

2 **اِقْرَأْ نَصَّ: "أَنا آسِفٌ".**

نص: منى فليفل

3 **أُجيبُ عَنِ الْأَسْئِلَةِ مُسْتَعينًا بِالنَّصِّ.**

1. بِمَ يَشْعُرُ طارِق؟
2. لِماذا يَسْأَلُ طارِق رَواد ما إذا كانَ بِخَيْرٍ؟

3. مَنْ كانَ سَبَبَ وُقوعِ رَواد في الْمَلْعَبِ؟
4. كَيْفَ كانَ يَسْخَرُ مِنْ صَديقِهِ رَواد؟
5. لِماذا كانَ طارِق يَسْخَرُ مِن صَديقِهِ؟
6. ما هِيَ الْكَلِمَةُ الَّتي وَصَفَ بِها طارِق صَديقَهُ؟
7. ماذا قالَ طارِق لِصَديقِهِ وَماذا طَلَبَ إِلَيْهِ؟
8. ماذا أَهْداهُ؟ لِماذا في رَأْيِكَ؟
9. هَلْ سَيُسامِحُ رَواد طارِق؟ لِماذا؟ وَسِّعْ إِجابَتَكَ عَمّا إِذا كانَ سَيُسامِحُهُ أَمْ لا.

4 **كَلِماتٌ بَصَرِيَّةٌ أَسْتَطيعُ أَنْ أَقْرَأَها بِسُرْعَةٍ.**

1. كَبيرٌ
2. رَكَضَ
3. رَكِبَ
4. هُناكَ
5. واسِعٌ

نَكْتُبُ

1 أ. قَطِّعِ الْكَلِماتِ التّالِيَةَ إِلَى أَصْواتِها الْقَصيرَةِ وَالطَّويلَةِ. ضَعْ كُلًّا مِنْها في الْجَدْوَلِ.

تُسامِحَني					
مَلابِسُكَ					
وَقَعَ					

ب. رَكِّبِ الْمَقاطِعَ لِتَحْصُلَ عَلَى الْكَلِمَةِ الْمَطْلوبَةِ.

أَ	شـ	عـ	رُ	
الـ	خـ	جـ	لِ	
وَ	جـ	هـ	كَ	

ج. اِسْتَمِعْ إِلَى الْمُعَلِّمِ وَاكْتُبِ الْكَلِماتِ الْمَطْلوبَةَ بِطَريقَةٍ صَحيحَةٍ.

____

____

2 تَذَكَّرْ وَدَوِّنْ

نَفِّذِ التَّمْرينَ التّالي ضِمْنَ مَجْموعَةٍ.

مَنْ هِيَ الشَّخْصِيّاتُ الَّتي وَرَدَتْ في الْقِصَّةِ الَّتي سَمِعْتَها مِنَ الْمُعَلِّمِ في الْبِدايَةِ؟

أُكْتُبْها ثُمَّ ارْسُمْها مَعَ رِفاقِكَ.

ما هُوَ الْحَدَثُ الرَّئيسُ في هَذِهِ الْقِصَّةِ؟ تَشاوَرْ مَعَ رِفاقِكَ ثُمَّ دَوِّنْهُ وَارْسُمْهُ.

أَيْنَ تَجْري أَحْداثُ هَذِهِ الْقِصَّةِ؟ تَشاوَرْ مَعَ رِفاقِكَ ثُمَّ دَوِّنْها وَارْسُمْها.

مَتَى تَجْري أَحْداثُ هَذِهِ الْقِصَّةِ؟ تَشاوَرْ مَعَ رِفاقِكَ.

3 أُكْتُبْ قِصَّةً ضِمْنَ ثُنائِيٍّ.

الشَّخْصِيّات: ______ الزَّمانُ: ______

الْمَكانُ: ______

الْحَدَثُ الرَّئيسُ لِلْقِصَّةِ: ______

______

الْمُشْكِلَةُ: ______

الْحَلُّ: ______

عُنْوانُ الْقِصَّةِ: ______ كاتِبُ الْقِصَّةِ: ______

ثَقافَةٌ

ما الْهَدايا الَّتي يُقَدِّمُها النّاسُ في وَطَنِكَ الْأُمِّ في الْمُناسَباتِ الْمُخْتَلِفَةِ؟

وَأَنْتَ، ما الْهَدِيَّةُ الَّتي تُفَضِّلُ أَنْ تُقَدِّمَها لِلَّذي أَخْطَأَتَ في حَقِّهِ؟

وَقْتٌ أَقْضيهِ مَعَ أَهْلي بِالُّلغَةِ الْعَرَبِيَّةِ

أعزّائي أولياء الأمور،

نتناول في هذه الوحدة: "التسامح ولماذا من المهمّ لنا أن نسامح بعضنا بعضًا؟"

من خلال العمل على تفكيك هذا المفهوم ببساطة لتلاميذنا، نعمل على إيصال تلك الفكرة من خلال النّصّ "أنا آسف" وعبر وسائل تفاعليّة تابعة له وللمهارات والكفايات الأخرى.

أدعوكم إلى متابعة أنشطة الصف، والعمل على الاستماع إلى اللغة العربية والاستمتاع بها مع أبنائكم، من خلال ما نوفّره لكم من اقتراحات في هذا القسم من الكتاب.

1. استمعوا مع ابنتكم / ابنكم إلى التسجيلات التي قُمنا بها في الصف مع الرفاق.
2. ابحثوا مع ابنتكم / ابنكم عن أمثال عن التسامح في لغته الأم وليتشاركها مع زملائه في الصف.
3. استمعوا لابنتكم / لابنكم وهو يتحدّث عمّا شاهده وزملاءه في الصفّ ويخبركم عنه في كتابه.

تَقْييمٌ

Me and my parents!

Dear Parents,

In this first unit of the book: "Forgiveness" we address the idea of communication and acquaintance through a main question: "Why forgiving others is important to each other"?

We target teaching them this concept through the text given for this lesson and through other interactive methods accompanying it and related to the desired targets and goals as well.

We invite you to follow their classroom activities and work with them at home. Listen to their enthusiasm and enjoy with them the process of learning Arabic through the suggestions we offer in this section of the book.

1. Listen to your child's recording we did in the class with his / her friends in the classroom about this topic.
2. Look with your child about certain quotes about forgiveness in his native language and let him / her share them with us in the classroom.
3. Listen to your child talking about what we have seen together and let him / her tell you about it.

Assessment

الْوَحْدَةُ

2

صِلَتُنا بِالْمَكانِ وَالزَّمانِ

الدُّروسُ:

كَيْفَ تَغَيَّرَ اللَّعِبُ عَبْرَ الزَّمَنِ؟

أَسْئِلَةُ الاِسْتِكْشافِ

- كَيْفَ تَخْتَلِفُ أَلْعابُنا عَبْرَ الزَّمَنِ؟
- كَيْفَ تَغَيَّرَتِ التِّكْنولوجيا عَبْرَ الزَّمَنِ؟
- كَيْفَ أَتَصَرَّفُ حينَ أَرْبَحُ أَوْ حينَ أَخْسَرُ؟

أَلْعابُنا وَأَلْعابُهُمْ

كِتابَةُ: طالِب الرِّفاعي - رَسْمُ: ماركو روب

نَحْنُ نُحِبُّ جَدَّنا.

بَيْتُهُ قَريبٌ مِنْ بَيْتِنا.

مَساءَ أَمْسٍ جاءَ جَدّي لِزِيارَتِنا.

كُنّا نُشاهِدُ التِّلْفِزْيون،

وَنَلْعَبُ وَنَقْفِزُ.

ضَحِكَ هُوَ وَقالَ:

"أَلْعابُكُمْ تَخْتَلِفُ عَنْ أَلْعابِنا."

نَحْنُ نُحِبُّ حِكاياتِ جَدِّنا.

قالَ لَنا بِصَوْتِهِ الْهادِئِ:

"كُنّا نَلْعَبُ في الْحَيِّ، نَتَسابَقُ في الرَّكْضِ،

وَنَلْعَبُ بِالْكُرَةِ".

سَأَلَنا:

"أَتُحِبّونَ أَنْ نَلْعَبَ مَعًا؟"

"نَعَمْ، نَعَمْ"

أَجَبْنا بِحَماسَةٍ.

لَعِبْنا مَعَهُ لُعْبَةَ شَدِّ الْحَبْلِ.

ثُمَّ أَكَلْنا مَعًا، وَبَعْدَ ذَلِكَ وَدَّعَنا قائِلًا:

"تُصْبِحونَ عَلَى خَيْرٍ".

الْوَحْدَةُ 2

الدَّرْسُ 1

أَلْعابُنا: أَشْكالٌ وَأَلْوانٌ

كَيْفَ تَغَيَّرَ اللَّعِبُ عَبْرَ الزَّمَنِ ؟

الْمُفْرَداتُ

1. حِكاياتِ
2. نَقْفِزُ
3. الْحَيِّ
4. نَتَسابَقُ
5. حَماسةٍ
6. وَدَّعَنا

هَيّا نَسْتَمِعْ

1 **اِسْتَمِعْ لِلْمُعَلِّمِ وَضَعِ الْإِشارَةَ ✓ بِجانِبِ الْإِجابَةِ الصَّحيحَةِ.**

1. ما اِسْمُ هَذِهِ الرِّياضَةِ؟

☐ كُرَةُ السَّلَّةِ ☐ كُرَةُ الْقَدَمِ

2. ما اِسْمُ الْفَريقَيْنِ؟

☐ "ليفيرْبول" وَ "مانْشِسْتِر يونايْتِد" ☐ "بَرْشَلونَة" وَ "رِيال مَدْريد"

3. كَمْ كانَتِ النَّتيجَةُ؟

☐ 2 مُقابِل 1 ☐ 1 مُقابِل 1

4. مَنْ سَجَّلَ هَدَفَ التَّعادُلِ؟

☐ مُحَمَّد صَلاح ☐ ميسي

5. كَيْفَ سَجَّلَ الْهَدَفَ؟

☐ بِرَأْسِهِ ☐ بِرِجْلِهِ

2

اِسْتَمِعْ ثُمَّ صِلْ كُلَّ فِعْلٍ بِالصّورَةِ الْمُناسِبَةِ لَهُ.

1. يُمَرِّرُ

2. يَرُدُّ الْكُرَةَ

3. يَقْذِفُ الْكُرَةَ

أ.

ب.

ج.

3

اِسْتَمِعْ إِلَى النَّصّ: "أَلْعابُنا وَأَلْعابُهُمْ".

نَصٌّ: طالِب الرِّفاعي، رَسْمُ: ماركو روب

هَيّا نَحْكِ

1 **عَبِّرْ شَفَهِيًّا عَنِ الصُّوَرِ التّالِيَةِ، ضِمْنَ ثُنائِيٍّ، مُسْتَخْدِمًا الْفِعْلَ الْمُناسِبَ.**

.1 

.2 

.3 

.4 

2 **هَيّا نَلْعَبْ**

اِسْتَمِعْ لِتَعْليماتِ الْمُعَلِّمِ وَالْعَبْ مَعَ فَريقِكَ مُسْتَخْدِمًا اللُّغَةَ الْعَرَبِيَّةَ.

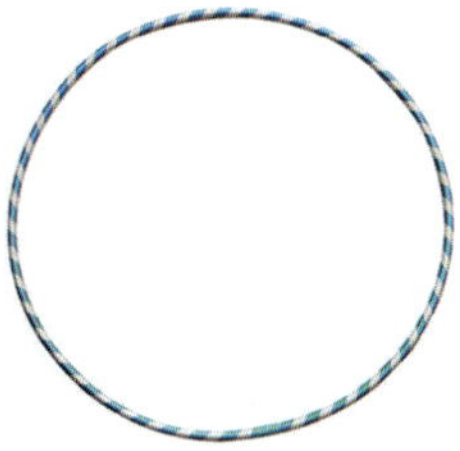

3 عَبِّرْ شَفَهِيًّا عَنِ الْأَلْعابِ الْمُخْتَلِفَةِ الْمُبَيَّنَةِ في الصُّوَرِ.

وَرْشَةُ الْمُفْرَداتِ

1 اِخْتَرِ الصّورَةَ الْمُناسِبَةَ لِكُلِّ مُفْرَدَةٍ مِنَ الْمُفْرَداتِ الْمُكْتَسَبَةِ مِنَ النَّصِّ "أَلْعابُنا وَأَلْعابُكُمْ".

1. 

2. 

3. 

4. 

2 اِنْتَبِهْ لِلْمِثالِ وَحاكِهِ.

1. جَدّي: جَدُّنا
2. بَيْتي: ________
3. زِيارَتي: ________
4. أَلْعابي: ________

3 اِنْتَبِهْ لِلْمِثالِ وَحاكِهِ. ـةٌ ـاتٌ

حِكايَةٌ: حِكاياتٌ

1. دَرّاجَةٌ: ________
2. طائِرَةٌ: ________
3. سَيّارَةٌ: ________
4. ________: بَطّاتٌ
5. ________: لَوْحاتٌ
6. ________: نَجْماتٌ

4 اِعْمَلْ وَاكْتُبْ عَلَى مِثالِ ما يَلي، ثُمَّ اقْرَأْ ما كَتَبْتَ.

1. نَحْنُ نَقْفِزُ: أَنا أَقْفِزُ
2. نَحْنُ نَتَسابَقُ: ______
3. نَحْنُ نَلْعَبُ: ______
4. نَحْنُ نُحِبُّ: ______
5. نَحْنُ نُشاهِدُ: ______
6. نَحْنُ نَزورُ: ______

نَقْرَأُ

1 أُكْتُبْ كَمْ مَرَّةً وَرَدَ كُلٌّ مِنَ الْكَلِماتِ التّالِيَةِ:

حِكاياتِ: ______ نَتَسابَقُ: ______

نَقْفِزُ: ______ حَماسَةٍ: ______

الْحَيِّ: ______ وَدَّعَنا: ______

2

اِقْرَأ النَّصَّ: "أَلْعابُنا وَأَلْعابُهُمْ".

نَصٌّ: طالِب الرِّفاعي، رَسْمُ: ماركو روب

3

أُجيبُ عَنِ الْأَسْئِلَةِ مُسْتَعينًا بِالنَّصِّ.

1. مَنْ زارَ الْأَطْفالَ؟
2. مَتَى زارَ الْجَدُّ الْأَطْفالَ؟
3. اِسْتَخْرِجِ الْأَفْعالَ الَّتي تَدُلُّ عَلَى ما كانَ الْأَطْفالُ يَفْعَلونَ حينَ زارَهُمُ الْجَدُّ.
4. اِسْتَخْرِجِ الْعِباراتِ الَّتي تَدُلُّ عَلَى أَلْعابِ الْجَدِّ.
5. هَلْ قَبِلَ الْأَوْلادُ أَنْ يَلْعَبوا مَعَ الْجَدِّ؟ بِمَ شَعَروا؟
6. دَوِّنْ أَلْعابًا قَديمَةً أُخْرَى تَعْرِفُها.
7. ماذا تُفَضِّلُ، الْأَلْعابَ الْقَديمَةَ أَمِ الْحَديثَةَ؟ أَمِ الِاثْنَتَيْنِ؟ لِماذا؟

4

كَلِماتٌ بَصَرِيَّةٌ أَسْتَطيعُ أَنْ أَقْرَأَها بِسُرْعَةٍ.

1. يَسْكُنُ
2. ذَلِكَ
3. هُوَ
4. جاءَ
5. يُحِبُّ

نَكْتُبُ

1

أ. حَلِّلِ الْكَلِماتِ التّالِيَةَ إِلَى مَقاطِعَ:

نَتَسابَقُ					
زِيارَةٌ					
نَقْفِزُ					

ب. رَكِّبِ الْمَقاطِعَ التّالِيَةَ لِتَحْصُلَ عَلَى الْكَلِمَةِ الْمَطْلوبَةِ.

بَ	يْ	تُ	نا		
الْ	حِ	كا	يا	تُ	
الْ	عا	بُ	نا		

ج. اِسْتَمِعْ لِلْمُعَلِّمِ وَاكْتُبِ الْكَلِماتِ الْمَطْلوبَةَ بِشَكْلٍ صَحيحٍ.

2 أُكْتُبْ عَنْ لُعْبَتِكَ الْمُفَضَّلَةِ بِاسْتِخْدامِ الْمُخَطَّطِ أَدْناهُ.

ثَقافَةٌ

لاعِبٌ رِياضِيٌّ مَشهورٌ: هَلْ تَعْرِفُ اللّاعِبَ مُحَمَّد صَلاح؟

الْوَحْدَةُ 2

الدَّرْسُ 2

كَيْفَ تَغَيَّرَتِ الْبيئَةُ وَالتِّكْنولوجْيا عَبْرَ الزَّمَنِ؟

كَيْفَ تَتَغَيَّرُ التِّكْنولوجْيا عَبْرَ الزَّمَنِ وَتَظَلُّ الْعَلاقاتُ مَعَ مَنْ نُحِبُّ كَما هِيَ؟

الْمُفْرَداتُ

1. يَزْأَرُ
2. الْمَعْلوماتِ
3. مُفيدَةٌ
4. الْمَكْتَبَةِ
5. أَبْحَثُ
6. تَغَيَّرَتْ

هَيّا نَسْتَمِعْ

1 **اِسْتَمِعْ لِلْمُعَلِّمِ.**

اِطْرَحْ سُؤالًا لِتَفْهَمَ أَكْثَرَ.

أَعِدْ سَرْدَ ما فَهِمْتَ لِزَميلٍ لَكَ.

2 **اِخْتَرِ الرَّسْمَ الْمُناسِبَ عِنْدَ الْإِجابَةِ عَنْ كُلِّ سُؤالٍ بَعْدَ أنْ تَسْتَمِعَ إلَى الْحِوارِ.**

أ. مَنِ الْمُتَحَدِّثانِ في هَذا الْحِوارِ؟

.1

.2

ب. كَيْفَ هِيَ روزي؟

.1

.2

ج. ما هِيَ اللُّعْبَةُ الَّتي لَعِبَتْها روزي؟

.1
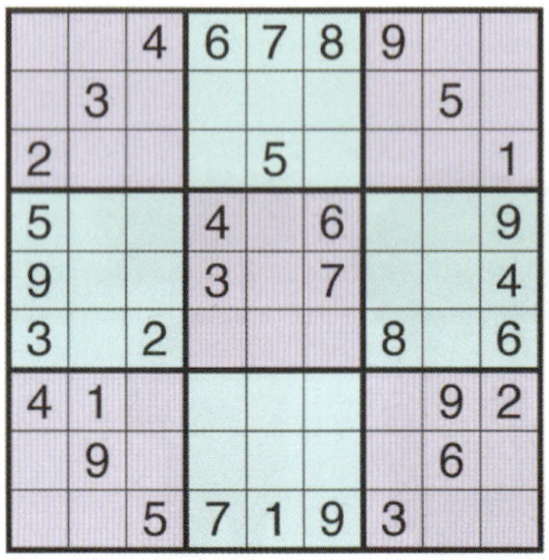

.2

د. عَمَّ تَأَخَّرَتْ روزي؟

.1

.2

هـ. ما هُوَ مُسْتَوى روزي في هَذِهِ اللُّعْبَةِ؟

1. 2

2. 1

و. مَنْ غَضِبَ مِنْ روزي لِأَنَّها لَمْ تَدْرُسْ؟

1. 

2. 

3

اِستَمِعْ إِلَى النَّصِّ: " أنا سوبَّر سامِر".

نَصُّ: وَفاء الشّامِسيّ

في حَديقَةِ الْحَيَواناتِ، سَمِعْتُ الْأَسَدَ يَزْأَرُ.

قالَتْ أُمّي: "هَلْ أَنْتَ خائِفٌ؟"

قُلْتُ: "لَسْتُ خائِفًا ؛ فَأَنا سوبِر سامِر!"

"ماذا تَعْرِفُ عَنِ الْأَسَدِ؟" سَأَلَتْ أُمّي.

أَرَدْتُ الْبَحْثَ عَنِ الْمَعْلوماتِ في هاتِفي، فَقالَتْ:

"التِّكْنولوجْيا مُفيدَةٌ. عِنْدَما كُنْتُ صَغيرةً، كُنْتُ أَبْحَثُ عَنِ الْمَعْلوماتِ في الْمَكْتَبَةِ".

فَسَأَلْتُ: "وَكَيْفَ تَتَواصَلينَ مَعَ صَديقاتِكِ؟"

قالَتْ: "كُنْتُ أَتَحَدَّثُ مَعَ صَديقاتي بِاسْتِخْدامِ الْهاتِفِ الثّابِتِ،

كَما أَنَّنا كُنّا نَزورُ بَعْضَنا بَعْضًا".

قُلْتُ لَها: "الْأَشْياءُ تَغَيَّرَتْ".

فَقالَتْ: "الْأَشْياءُ تَتَغيّرُ، وَلَكِنْ، الْأَصْدِقاءُ لا يَتَغيَّرونَ!"

هَيّا نَحْكِ

1 أَدِرْ حِوارًا مَعَ زَميلٍ لَكَ حَوْلَ ما قُمْتُما بِهِ في الْعُطْلَةِ مِنْ خِلالِ الصُّوَرِ.

1. الْحِوارُ الْأَوَّلُ:

2. الْحِوارُ الثّاني:

3. الْحِوارُ الثّالِثُ:

2 **عَبِّرْ شَفَهِيًّا مِنْ خِلالِ الصُّوَرِ الْمُخْتَلِفَةِ عَنْ كَيْفِيَّةِ تَحْقيقِ الْهَدَفِ مِنَ اللُّعْبَةِ وَالاِنْتِقالِ إِلَى الْمُسْتَوَى التّالي.**

كَيْفَ سَتَرْبَحُ؟ اِبْدَأْ جُمْلَتَكَ بِـ "عَلَيَّ أَنْ"...

عَلَيَّ أَنْ ...

3 عَبِّرْ مِنْ خِلالِ الرَّسْمِ عَنْ لُعْبَةٍ تَلْعَبُها عَبْرَ الْهاتِفِ أَوِ الْجِهازِ اللَّوْحِيِّ، ثُمَّ أَخْبِرْ زُمَلاءَكَ عَنْها.

اللُّعْبَةُ هِيَ:

____

وَرْشَةُ الْمُفْرَداتِ

1 اِخْتَرِ الصّورَةَ الْمُناسِبَةَ لِكُلِّ مُفْرَدَةٍ مِنَ الْمُفْرَداتِ الْمُكْتَسَبَةِ مِنَ النَّصِّ "أَنا سوبِّر سامِر".

.1

.2

.3

.4

2

أَلْعَبُ وَأَتَعَلَّمُ مَعَ الْمُفْرَداتِ.

حاكِ الْمُعَلِّمَ في الْأَصْواتِ التّالِيَةِ:

أ. الْبَحْثُ: أَبْحَثُ - يَبْحَثُ - تَبْحَثُ

سَمِعْتُ: ______________________

ب. هاتِ مِنَ النَّصِّ عَلَى وَزْنِ: مَعْلومات

____

ج. حاكِ الْكاتِبَ: صَديقاتي - هاتِفي

أَضِفْ "ي" إِلَى:

قَلَمٍ ________

أُمٌّ ________

د. هاتِ في نَفْسِ الصّيغَةِ: اِسْأَلْ روزي أَوْ هَيا.

تَتَحَدَّثُ كَيْفَ تَتَحَدَّثينَ؟

تَسْبَحُ ________

تَلْعَبُ ________

3 اِخْتَرِ الْكَلِمَةَ الْمُناسِبَةَ لِكُلٍّ مِنَ الْجُمَلِ التّالِيَةِ.

مُفيدَةٌ - الْمَكْتَبَةِ - أَصْدِقائي - مَعْلوماتٌ

1. أُحِبُّ أَنْ أَذْهَبَ يَوْمَ السَّبْتِ إِلَى ________ لِأَخْتارَ قِصَّةً جَميلَةً.
2. في الْكُتُبِ ________ كَثيرَةٌ.
3. في وَقْتِ الْفُرْصَةِ أَلْعَبُ وَأَتَسَلّى مَعَ ________ في الْمَلْعَبِ.
4. آكُلُ الْخُضْرَواتِ لِأَنَّها ________ لِلْأَبْطالِ.

نَكْتُبُ

1

أ. حَلِّلِ الْكَلِماتِ التّالِيَةَ إِلَى مَقاطِعَ:

مَعْلوماتٌ				
الْأَصْدِقاءُ				
أَسَدٌ				

ب. رَكِّبِ الْمقاطِعَ لِتَحْصُلَ عَلَى الْكَلِمَةِ الْمَطْلوبَةِ.

مَكْ	تَ	بَ	ـةٌ	
مُ	فيـ	دَ	ةٌ	
أبْ	حَـ	ثٌ		

ج. اِسْتَمِعْ لِلْمُعَلِّمِ وَاكْتُبِ الْجُمَلَ بِشَكْلٍ صَحيحٍ.

____

____

2 أُكْتُبْ عَنْ حَيَوانِكَ الْمُفَضَّلِ ثُمَّ اسْأَلْ زُمَلاءَكَ أَنْ يَحْزَروا: "ما هُوَ حَيَوانِيَ الْمُفَضَّلُ؟" مِنْ خِلالِ مَعْلوماتِكَ عَنْهُ.

إِحْزَرْ ما هُوَ حَيَوانِيَ الْمُفَضَّلُ!

أَنْفُهُ: ________

فَمُهُ: ________

يُغَطّي جِسْمَهُ: ________

يَخْتَلِفُ حَيَواني الْمُفَضَّلُ عَنْ باقي الْحَيَواناتِ لِأَنَّهُ:

____

حَيَواني الْمُفَضَّلُ هُوَ: ________

ثَقافَةٌ

قارِنْ بَيْنَ أَشْكالِ الْبُيوتِ في وَطَنِكَ الْأُمِّ وَفي وَطَنِ إِقامَتِكَ.

أَلْعَبُ مَعَ جَدّي

نَصُّ: عَلاء زَيْن - رَسْمُ: هَنّا أوغسطين

قالَ سامي:
جَدّي يا جَدّي
تَعالَ لاعِبْني
أُرْسُمْ عَلَى الْأَرْضِ
خُطوطًا بِالطّولِ
وَبِالْعَرْضِ
اِرْمِ حَجَرًا وَاقْفِزْ
مَرَّةً إِلَى الْأَمامِ

وَمَرَّةً إِلَى جَنْبِ

أووه يا جَدّي

لُعْبَةٌ تُحَرِّكُ جِسْمي!

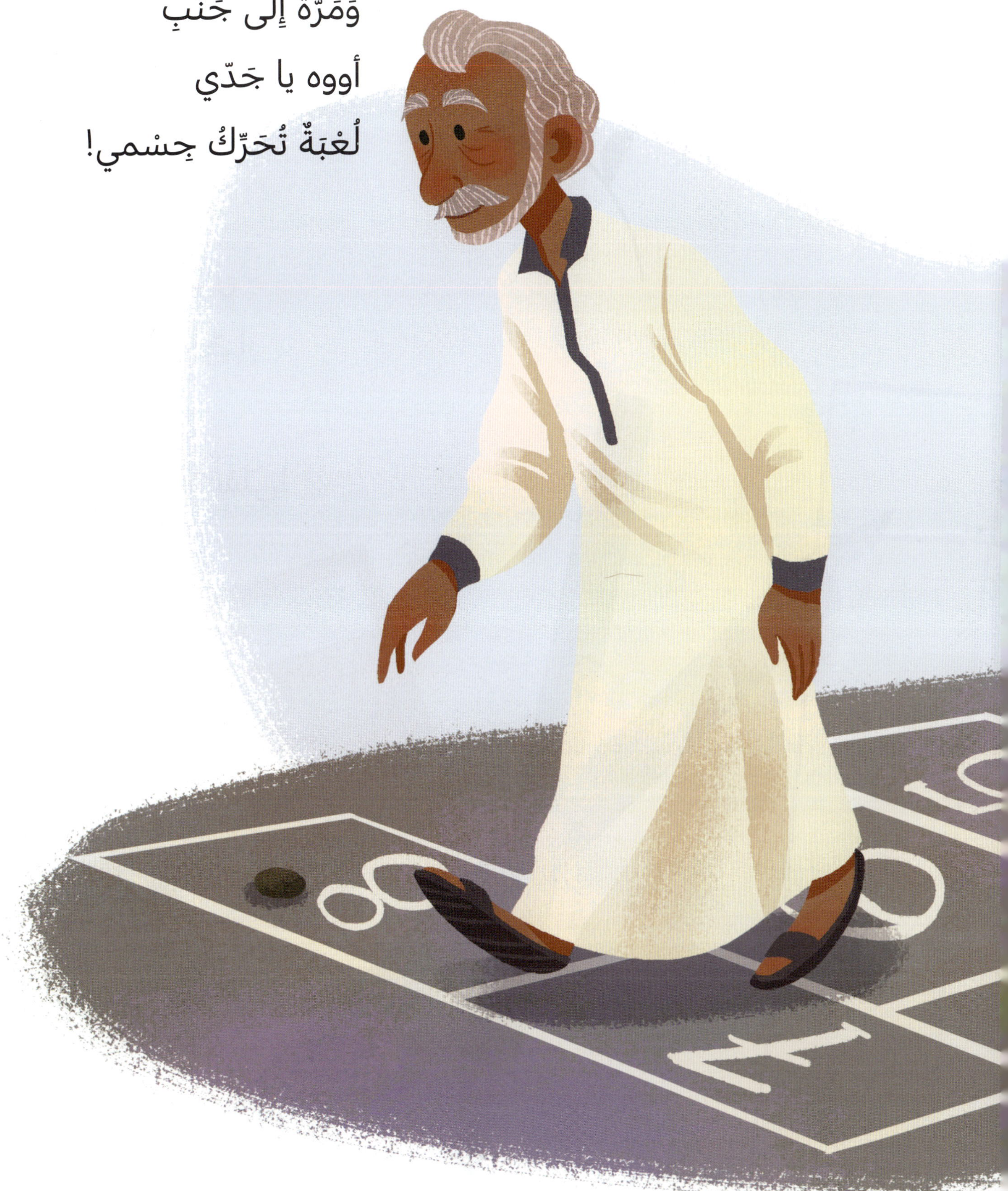

أُكْتُبْ أَسْماءَ
لِلنَّباتِ
وَالْحَيوانِ
وَالْإِنْسانِ
مَرَّةً تَبْدَأُ بِالدّالِ
وَمَرَّةً تَبْدَأُ بِالصّادِ
أووه يا جَدّي
لُعْبَةٌ تُنَشِّطُ عَقْلي!

قالَ الْجَدُّ:

صَغيري يا صَغيري

تَعالَ لاعِبْني

قالَ سامي:

خُذْ هاتِفي

اِلْمِسْ

اُنْقُرْ

وَتَخَيّلْ أَنَّكَ بَطَلٌ

وَسابِقِ الْأَبْطالَ

أووه يا صَغيري

لُعْبةٌ تُنَشِّطُ خَيالي

كَيْفَ تَغَيّرَ اللَّعِبُ عَبْرَ الزَّمَنِ؟

كَيْفَ يُؤَثِّرُ تَغَيُّرُ الْأَلْعابِ عَبْرَ الزَّمَنِ عَلَى تَغَيُّرِ التَّواصُلِ بَيْنَ الْأَفْرادِ؟

الْمُفْرَداتُ

1. النَّباتِ
2. تُنَشِّطُ
3. اِلْمِسْ
4. أُنْقُرْ
5. سابِقْ
6. خَيالي

هَيّا نَسْتَمِعْ

1 **اِسْتَمِعْ إِلى الْأُغْنِيَةِ.**
اِسْتَمِعْ إِلى إِرْشاداتِ الْمُعَلِّمِ.

2 **حَدِّدِ الْأَفْعالَ مِنْ خِلالِ الْفيديو.**
جَسِّدِ الْأَفْعالَ الْمَطْلوبَةَ.

3 **اِسْتَمِعْ إِلَى النَّصِّ: "أَلْعَبُ مَعَ جَدّي".**
نَصُّ: عَلاء زَيْن، رَسْمُ: هَنّا أوغسطين

هَيّا نَحْكِ

1

هَذا فارِس، وَهُوَ يَنْتَظِرُ أَنْ تُخْبِرَهُ ما عَلَيْهِ الْقِيامُ بِهِ.

اِسْتَخْدِمِ الْفِعْلَ الْمُناسِبَ لِكُلٍّ مِنَ الصُّوَرِ التّالِيَةِ:

.1

.2

.3

.4

2 اِلْعَبْ لُعْبَةَ الْحَجْلَةِ مَعَ رِفاقِكَ، وَاسْتَمِعْ لِتَعْليماتِ زُمَلائِكَ في الصَّفِّ.

3 عَبِّرْ مِنْ خِلالِ الرَّسْمِ عَنْ لُعْبَتِكَ الْمُفَضَّلَةِ الَّتي تَلْعَبُها مَعَ رِفاقِكَ وَقْتَ الْاِسْتِراحَةِ، ثُمَّ أَخْبِرْ زُمَلاءَكَ عَنْها.

لُعْبَتي الْمُفَضَّلَةُ هِيَ: ____________

وَرْشَةُ الْمُفْرَداتِ

1 اِخْتَرِ الصّورَةَ الْمُناسِبَةَ لِلْمُفْرَداتِ الْمُكْتَسَبَةِ مِنَ النَّصِّ "أَلْعَبُ مَعَ جَدّي".

1.

2.

3.

4.

2

حاكِ الْمُعَلِّمَ في الْأَصْواتِ التّالِيَةِ في الْمِثالِ وَاقْرَأْها بِصَوْتٍ عالٍ.

لاعِبْني: أَلْعَبُ - تَلْعَبُ - يَلْعَبُ

أَلْمِسُ: هِيَ ________ هُوَ ________

أَنْقُرُ: هُوَ ________ هِيَ ________

أَتَسابَقُ: هُوَ ________ هِيَ ________

3

اِخْتَرِ الْكَلِمَةَ الْمُناسِبَةَ لِلْجُمَلِ الآتِيَةِ.

أَنْقُرُ - يَتَسابَقُ - الْأَبْطالِ - جِسْمي.

1. تُحِبُّ أُخْتي زينَة أَنْ تَقْرَأَ قِصَصًا عَنِ ________.

2. أُحافِظُ دائِمًا عَلَى نَظافَةِ ________.

3. ______ رامي وَحَسَن فِي الْمَلْعَبِ.

4. ______ عَلَى الْكَلِمَةِ الْمَطْلوبَةِ مِنْكَ.

4

ضَعْ كُلًّا مِنَ الْكَلِماتِ التّالِيَةِ في الْخانَةِ الْمُناسِبَةِ لَها:

بَطَّةٌ - بَطَلٌ - جَدٌّ - كُرْسِيٌّ - شَجَرَةٌ - طاوِلَةٌ - دُبٌّ - أَسَدٌ - وَرْدَةٌ - رامي - حَشيشٌ - قَلَمٌ

نَباتٌ	شَيْءٌ	حَيَوانٌ	إِنْسانٌ

نَقْرَأُ

1 أُكْتُبْ كَمْ مَرَّةً وَرَدَ كُلٌّ مِنَ الْكَلِماتِ التّالِيَةِ:

النَّباتُ: ______

تُنَشِّطُ: ______

اِلْمِسْ: ______

أُنْقُرْ: ______

سابِقِ: ______

خَيالي: ______

2 اِقْرَأِ النَّصَّ: "أَلْعَبُ مَعَ جَدّي".

نَصٌّ: عَلاء زَيْن، رَسْمُ: هَنّا أوغسطين

أَجِبْ عَنِ الْأَسْئِلَةِ مُسْتَعينًا بِالنَّصِّ.

1. مَنْ هِيَ الشَّخْصِيَّاتُ في هَذا النَّصِّ؟ مَنِ الْمُتَحَدِّثُ؟
2. ماذا طَلَبَ سامي مِنْ جَدِّهِ؟
3. اِسْتَنْتِجْ اِسْمَ اللُّعْبَةِ الْأُولَى الَّتي اقْتَرَحَهَا الْجَدُّ.
4. هلْ أَرادَ سامي أَنْ يَلْعَبَ هَذِهِ اللُّعْبَةَ الْمُقْتَرَحَةَ؟ ماذا قالَ؟
5. ما كانَتِ اللُّعْبَةُ الثَّانِيَةُ الَّتي اقْتَرَحَها الْجَدُّ؟
6. اِسْتَخْرِجْ مِنَ النَّصِّ الْجُمْلَةَ الَّتي تَدُلُّ عَلَى رَأْيِ سامي تِجاهَ اللُّعْبَةِ الثّانِيَةِ؟
7. مَاذَا طَلَبَ الْجَدُّ مِنْ حَفيدِهِ سامي؟ وَماذَا أَعْطاهُ سامي؟
8. اِسْتَخْرِجِ الْأَفْعالَ الَّتي اِسْتَخْدَمَها سامي لِيُلاعِبَ جَدَّهُ.
9. هَلْ أَحَبَّ الْجَدُّ اللُّعْبَةَ؟ لِماذا؟
10. ما هِيَ اللُّعْبَةُ الْمُفَضَّلَةُ لَدَيْكَ؟ عَلِّلْ إجابَتَكَ.

4 كَلِماتٌ بَصَرِيَّةٌ أَسْتَطيعُ أَنْ أَقْرَأَها بِسُرْعَةٍ.

1. بَطَّةٌ
2. جَمَلٌ
3. فيلٌ
4. دُبٌّ
5. دارٌ

نَكْتُبُ

1 أ. حَلِّلِ الْكَلِماتِ التّالِيَةَ إِلَى مَقاطِعَ:

الْأَبْطالُ				
لاعِبْني				
سابِقٍ				

ب. رَكِّبِ الْمقاطِعَ لِتَحْصُلَ عَلَى الْكَلِمَةِ الْمَطْلوبَةِ.

خُ	ط	و	طٌ		
عَ	قْ	ل	ي		
خَ	ي	ا	ل	ي	

ج. اِسْتَمِعْ لِلْمُعَلِّمِ وَاكْتُبِ الْكَلِماتِ الْمَطلوبَةَ بِشَكْلٍ صَحيحٍ.

____

____

2 اِصْنَعْ كِتابًا مُنَمْنَمًا وَاكْتُبْ فيهِ عَنْ لُعْبَتِكَ الْمُفَضَّلَةِ الَّتي تَلْعَبُها وَقْتَ الْاِسْتِراحَةِ مُسْتَنِدًا إِلَى تَوْجيهاتِ الْمُعَلِّمِ.

3 تَحَدَّثْ مَعَ مُفَكِّرَتِكَ وَأَخْبِرْهَا ماذا حَدَثَ الْيَوْمَ.

اِسْتَعِنْ بِحائِطِ الْمُفْرَداتِ وَالْكَلِماتِ الْبَصَرِيَّةِ

مُفَكِّرَتي الْعَزيزَةُ، في 10 إبريل 2019

الْيَوْمَ: ____________________

____

____

____

ثَقافَةٌ

هَلْ تَعْرِفُ لُعْبَةَ الْحَجْلَةِ وَأَسْماءَها الْمُخْتَلِفَةَ؟

وَقْتٌ أَقْضيهِ مَعَ أَهْلي بِاللُّغَةِ الْعَرَبِيَّةِ

أعزّائي أولياء الأمور،

نتناولُ في هذه الوحدةِ الموضوع: "كيف تغيّرَ اللعبُ عبرَ الزّمنِ؟".

مِن خلالِ العملِ على تَفكيكِ هذا المَفهومِ ببساطةٍ لِتلاميذِنَا، نعملُ على إيصال تلك الفكرةِ من خلالِ النصِّ "ألعَبُ معَ جَدّي" وعبر وسائلَ تفاعليّةٍ تابعةٍ لهُ وللمهاراتِ والكفاياتِ الأُخرى.

أدعُوكم لِمتابعةِ أنشطةِ الصفِّ والعملِ على الاستماعِ إلى اللغةِ العربيّةِ والاستمتاعِ بها مع أبنائكم، من خلالِ ما نوفّرهُ لكُم مِن اقتراحاتٍ في هذا القِسمِ مِنَ الكِتابِ.

1. استَمعوا مع ابنتكم / ابنكم إلى التسجيلاتِ التي قُمنَا بِها في الصفِّ مع الرفاقِ.
2. استمعوا إلى ابنتكم / ابنكم بينما يقرأُ لكم في كتابه المنمنم الذي صنعه.

تَقْييمٌ

Me and my parents!

Dear Parents:

In this unit of the book we address the idea of changes in the way we play through a main question: "How did playing changed over time?"

We target teaching them this concept through the text given for this lesson and through other interactive methods accompanying it and related to the desired targets and goals as well.

We invite you to follow their classroom activities and work with them at home. Listen to their enthusiasm and enjoy with them the process of learning Arabic through the suggestions we offer in this section of the book.

1. Listen to your child's recording we did in the class with his / her friends in the classroom about this topic.
2. Encourage your child while he / she talks about the mini book he / she created in the classroom and let him / her read to you about it.

Assessment

أَلْعَبُ وَأَتَعَلَّمُ

الْمُفْرَداتُ

1. هَتَفَ
2. اِهْتَزَّ
3. يَغْرَقُ
4. يُنْقِذَ
5. يَطْفو
6. اِسْتَغْرَبَ

كَيْفَ أَسْتَمْتِعُ بِالْأَلْعابِ الْقَديمَةِ وَالْحَديثَةِ وَأَتَعَلَّمُ مِنْها؟

هَيّا نَسْتَمِعْ

1 **اِسْتَمِعْ لِلْقِصَّةِ وَلِسُؤالِ الْمُعَلِّمِ، وَضَعْ إِشارَةَ ✓ بِجانِبِ الْإِجابَةِ الصَّحيحَةِ.**

1. الْبَطَلُ الْخارِقُ في هَذِهِ الْقِصَّةِ هُوَ:

☐ باتْمان الرَّجُلُ الْوَطْواطُ ☐ سبايْدِرْمان الرَّجُلُ الْعَنْكَبوتُ

☐ سوبِرْمان الرَّجُلُ الْخارِقُ

2. تَجْري أَحْداثُ هَذِهِ الْقِصَّةِ:

☐ في الْمَدْرَسَةِ ☐ في الْبَحْرِ ☐ في الْبَيْتِ

3. تَخافُ الْبِنْتُ الصَّغيرَةُ لِأَنَّ:

☐ أُمَّها لا تَعْرِفُ أَنْ تَسْبَحَ ☐ أَباهَا لا يَعْرِفُ أَنْ يَسْبَحَ

4. الْأُمُّ وَالْبِنْتُ الصَّغيرَةُ في:

☐ قارِبٍ ☐ سَيّارَةٍ ☐ قِطارٍ

5. تَطْلُبُ الْبِنْتُ الصَّغيرَةُ مِنْ سوبِرْمان النَّجْدَةَ لِأَنَّ:

☐ الطّائِرَةَ سَتَغْرَقُ ☐ الْقارِبَ سَيَغْرَقُ

6. لِماذا سَيَغْرَقُ الْقارِبُ في رَأْيِكَ؟

☐ بِسَبَبِ عاصِفَةٍ قَوِيَّةٍ ☐ بِسَبَبِ ثَقْبٍ في داخِلِهِ

2

تَعَرَّفْ إِلَى قَوانينِ الْماءِ مِنْ خِلالِ التَّجارِبِ التّالِيَةِ:

راقِبْ وَحَلِّلْ:

ماذَا تَعَلَّمْتَ؟...

أُرْسُمْ دائِرَةً بِالْأَزْرَقِ حَوْلَ الْأَجْسامِ الَّتي تَطْفو فَوْقَ سَطْحِ الْماءِ، وَدائِرَةً بِالْأَحْمَرِ حَوْلَ الْأَجْسامِ الَّتي لا تَطْفو بَلْ تَغْرَقُ.

1. 
2. 
3. 
4. 

3 شاهِدْ وَتَحَدَّثْ ثُمَّ دَوِّنْ

أَخْبِرْ زَميلَكَ عَنْ فَهْمِكَ لِلْقِصّةِ.

تَبادَلْ مَعَهُ التّالِي:

- مَنِ الْبَطَلُ الْخارِقُ في الْقِصَّةِ؟
- مَنِ الشَّخْصِيّاتُ الْأُخْرَى فيها؟
- ما الْمُشْكِلَةُ؟
- أَيْنَ حَدَثَتِ الْمُشْكِلَةُ؟
- كَيْفَ حُلَّتِ الْمُشْكِلَةُ؟

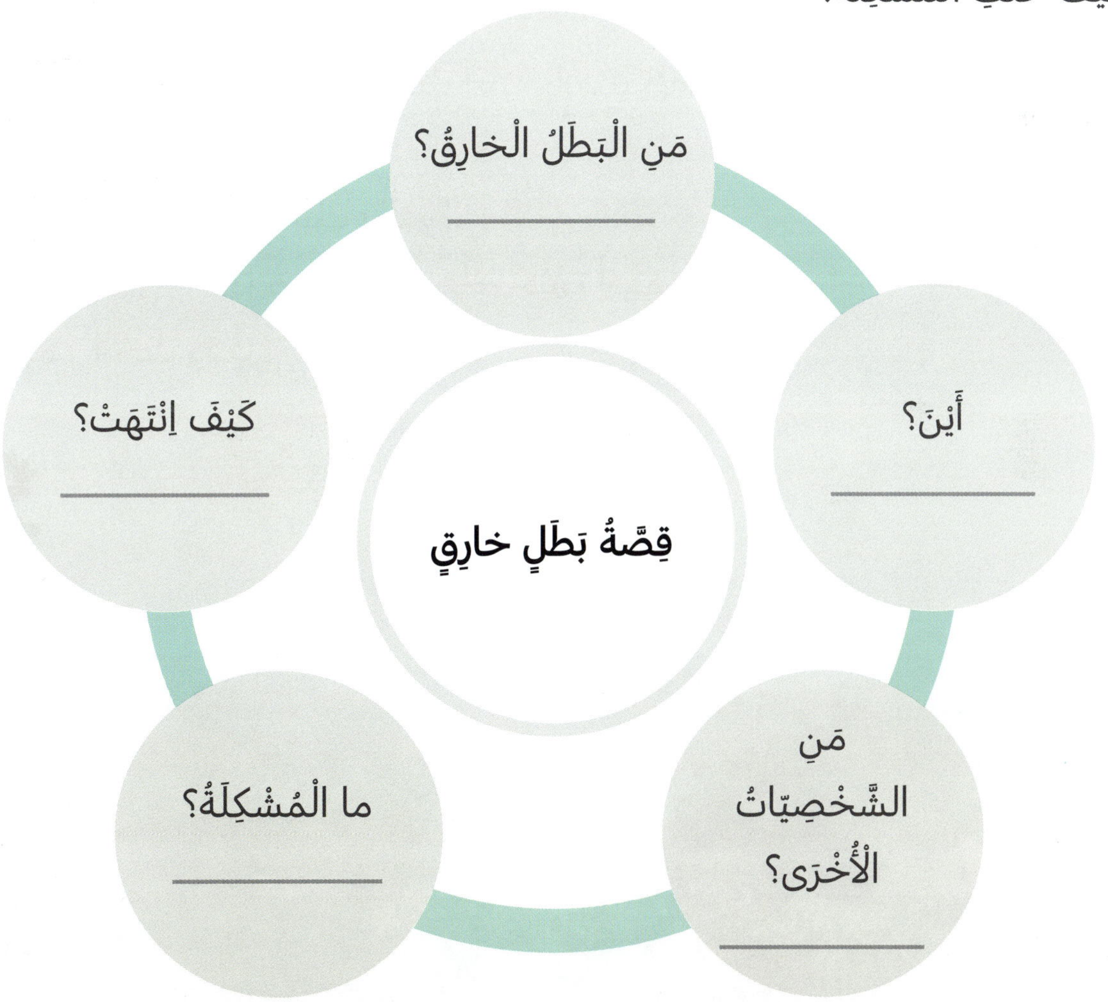

4

إِسْتَمِعْ إِلَى النَّصِّ: "سِباقُ الْقَوارِبِ".

نَصُّ: بَسْمَة الخاطري

أَنا صَفاء، وَهَذا أَخي عُمْران

مَرَّةً هَتَفَ عُمْران: "هَيّا نَلْعَبْ قُربَ السّاقِيَةِ".

أووه، أُحِبُّ التَّجارِبَ، وَاللَّعِبَ بِالْقَوارِبِ.

ياهووووه، بَدَأَ السِّباقُ.

فَجْأَةً، إِهْتَزَّ قارِبُ عُمران!

قُلْتُ لَهُ: "الْقارِبُ الْمَثْقوبُ يَغْرَقُ".

أَسْرَعَ عُمْران لِيُنْقِذَ قارِبَهُ، فَسَقَطَتْ لُعْبَةٌ بلاستيكِيَّةٌ.

تَأَسَّفَ عُمْران: "أووه غَرِقَتْ".

إِبْتَسَمْتُ وَقُلْتُ: "الْبلاستيك يَطْفو".

إِسْتَغْرَبَ عُمْران: "هَذا صَعْبٌ يا صَفاء، كَيْفَ أَفْهَمُ قَوانينَ الْماءِ؟"

أمممم، إِبْحَثْ وَفَكِّرْ، تَجِدِ الْجَوابَ.

هَيّا نَحْكِ

1 **عَبِّرْ شَفَهِيًّا مِنْ خِلالِ الصّورَةِ التّالِيَةِ ضِمْنَ ثُنائِيٍّ مُراعِيًا تَحْديدَ التَّعابيرِ الْمُناسِبَةِ.**

حَدِّدْ في هَذِهِ الصّورَةِ الْبَطَلَ الْخارِقَ / الزَّمانَ / الْمَكانَ / الشَّخْصِيّاتِ الْأُخْرى / الْحَدَثَ الرَّئيسَ.

2

اِصْنَعْ قارِبًا مُتَّبِعًا إِرْشاداتِ الْمُعَلِّمِ.

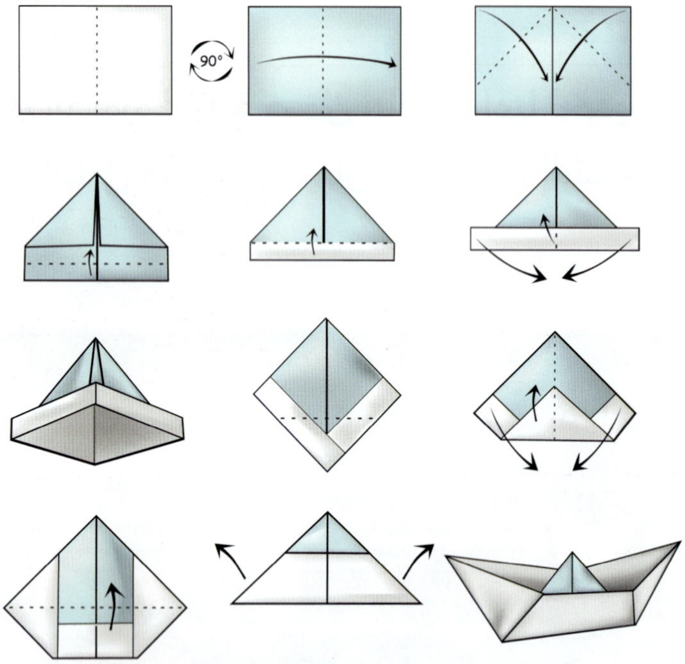

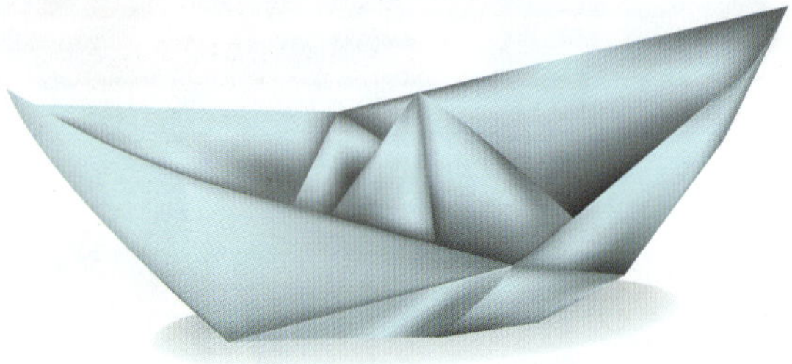

تَخَيّلْ نَفْسَكَ في قارِبٍ... عَبِّر شَفَهِيًّا ثُمَّ اكْتُبْ جُمْلَةً عَنْ ذَلِكَ.

3 ما سِماتُ كُلٍّ مِنَ الْأَبْطالِ؟

لاحِظْ ثُمَّ عَبِّرْ.

1. يَسْتَطيعُ أَنْ ________________

2. يَسْتَطيعُ أَنْ ________________

وَرْشَةُ الْمُفْرَداتِ

1 **اِخْتَرِ الصّورَةَ الْمُناسِبَةَ لِلْمُفْرَداتِ الْمُكْتَسَبَةِ في النَّصِّ "سِباقُ الْقَوارِبِ".**

تَطْفو - قارِبٌ - ساقِيَةٌ - يَغْرَقُ

1. 

2. 

3. 

4. 

2 **لُعْبَةُ التَّماثيلِ الصّامِتَةِ.**

جَسِّدِ الْمُفْرَداتِ في النَّصِّ "سِباقُ الْقَوارِبِ".

نَصُّ: بَسْمَةَ الخاطري

3 صِلِ الْفِعْلَ الْمُناسِبَ لِكُلِّ صورَةٍ.

1. فَكِّرْ ○ ○ أ. 
2. هَتَفَ ○ ○ ب. 
3. أَبْحَثُ ○ ○ ج. 
4. اِبْتَسَمْتُ ○ ○ د. 

نَقْرَأُ

1 **تَأَمَّلِ الْجَدْوَلَ ثُمَّ حَلِّلْ وَاسْتَنْتِجْ وَامْلَأْ الْكَلِماتِ في الْعَمودِ الْمُناسِبِ، وَاقْرَأْ الْكَلِماتِ بِلَفْظٍ سَليمٍ.**

أَخي - اِسْتَغْرَبَ - أُحِبُّ - اِهْتَزَّ - اِبْتَسَمْتُ - أَفْهَمُ

هَمْزَة قَطْعٍ	هَمْزَةُ وَصْلٍ
أَنا	اِبْحَثْ
أَسْرِعْ	اُنْظُرْ

2 أُكْتُبْ كَمْ مَرَّةً وَرَدَ كُلٌّ مِنَ الْكَلِماتِ التّالِيَةِ:

هَتَفَ: ______________

اِهْتَزَّ: ______________

يَغْرَقُ: ______________

يُنْقِذُ: ______________

يَطْفو: ______________

اِسْتَغْرَبَ: ______________

3 إِقْرَأ النَّصَّ: "سِباقُ الْقَوارِبِ".

نَصُّ: بَسْمَة الخاطري

4 أَجِبْ عَنِ الْأَسْئِلَةِ مُسْتَعينًا بِالنَّصِّ.

1. مَنِ الشَّخْصِيَّتانِ في الْقِصَّةِ؟
2. أَيْنَ يَلْعَبانِ؟
3. بِماذا يَلْعَبانِ؟
4. لِماذا غَرِقَ الْقارِبُ؟
5. ماذا سَقَطَ في الْمِياهِ؟
6. هَلْ غَرِقَتِ اللُّعْبَةُ؟ عَلِّلْ إِجابَتَكَ.
7. ماذا طَلَبَتْ صَفاء مِنْ أَخيها عُمْران؟
8. هَلْ يُمْكِنُكَ أَنْ تُعَدِّدَ بَعْضَ الْأَغْراضِ الَّتي تَغْرَقُ في الْماءِ؟

5 كَلِماتٌ بَصَرِيَّةٌ أَسْتَطيعُ أَنْ أَقْرَأَها بِسُرْعَةٍ.

1. سَريرٌ
2. وَقَفَ
3. توتٌ
4. ثَوْبٌ
5. رَأْسٌ

نَكْتُبُ

1

أ. قَطِّعِ الْكَلِماتِ التّالِيَةَ إِلَى أَصْواتِها الْقَصيرَةِ وَالطَّويلَةِ وَضَعْ كُلًّا مِنْها في الْجَدْوَلِ.

سَقَطَتْ			
أَفْهَمُ			
أَخي			

ب. رَكِّبِ الْمَقاطِعَ التّالِيَةَ لِتَحْصُلَ عَلَى الْكَلِمَةِ الْمَطْلوبَةِ.

الْ	قَـ	وا	رِ	ب	
يَـ	غْـ	رَ	قُ		
يُـ	نْـ	قِـ	ذُ		

ج. اِسْتَمِعْ لِلْمُعَلِّمِ وَاكْتُبِ الْجُمْلَةَ الْمَطْلوبَةَ بِشَكْلٍ صَحيحٍ.

____

____

2 صِلْ "هُوَ" وَ "هِيَ" بِما يُناسِبُ.

أ. غَرِقَتْ

1. هُوَ

ب. أَسْرَعَ

ج. اِبْتَسَمَتْ

2. هِيَ

هـ. فَكَّرَ

3 إذا كُنْتَ بَطَلًا خارِقًا لِيَوْمٍ واحِدٍ وَرَأَيْتَ أَشْرارًا، كَيْفَ تَتَصَرَّفُ؟

أَعْطِ اِسْمًا لَكَ كَبَطَلٍ ____________________

حَدِّدْ سِماتِ شَخْصِيَّتِكَ الْبُطولِيَّةِ ____________________

مَنْ هُمُ الْأَشْرارُ؟

____

ما الْمُشْكِلَةُ؟

____

ما حَلُّ الْمُشْكِلَةِ؟

____

ثَقافَةٌ

تَعَرَّفْ إِلَى الْأَسْماءِ الْكَثيرَةِ لِلْكَلِمَةِ "قارِبٌ".

وَأَنْتَ كَيْفَ تَقولُ "قارِبٌ" في لُغَتِكَ؟

وَقْتٌ أَقْضيهِ مَعَ أَهْلي بِاللُّغَةِ الْعَرَبِيَّةِ

أعزّائي أولياء الأمور،

نتناول في هذه الوحدة:"كيف تغير اللعب عبر الزمن؟".

من خلال العمل على تفكيك هذا المفهومِ ببساطة لتلاميذنا، نعمل على إيصال تلك الفكرة من خلال النص "سباق القوارب" وعبر وسائل تفاعلية تابعة له وللمهارات والكفايات الأخرى.

أدعوكم لمتابعة أنشطة الصف والعمل على الاستماع إلى اللغة العربيّة والاستمتاع بها مع أبنائكم من خلال ما نوفّره لكم من اقتراحات في هذا القسمِ من الكتاب.

1. استمعوا مع ابنتكم / ابنكم إلى التسجيلات التي قُمنا بها في الصف مع الرفاق.
2. ابحثوا مع ابنتكم / ابنكم عن صور للأبطال الخارقين، وليتشاركها معنا في الصف.
3. دعوا ابنتكم / ابنكم يخبركم عن الأجسام التي تطفو أو تغرق والأسماء المتعددة للكلمة "قارب".

تَقْييمٌ

Me and my parents!

Dear Parents,

In this first unit of the book:"how did play changed over time?"

We target teaching them this concept through the text given for this lesson and through other interactive methods accompanying it and related to the desired targets and goals as well.

We invite you to follow their classroom activities and work with them at home. Listen to their enthusiasm and enjoy with them the process of learning Arabic through the suggestions we offer in this section of the book.

1. Listen to your child's recording we did in the class with his / her friends in the classroom about this topic.
2. Look with your child about certain pictures of heroes and let him / her show them and talk about them in the class.
3. Let your child tell you about the different objects that float or drown.

Assessment

ما السَّبَبُ؟!

كِتابَةُ: ريّ عَبْد العال - رَسْمُ: دنيز دامانتي

زُرْنا جَدَّتي في الْقَرْيَةِ. جَدَّتي لَمْ تَكُنْ تُحِبُّ أَنْ نَنْشَغِلَ بِهَواتِفِنا.

آخْ أَكيدٌ سَنَشْعُرُ بِالْمَلَلِ!

لَكِنَّنا تَعَلَّمْنا مِنْ أُمّي لُعْبَةَ الْبِلْيِ، الْكُراتِ الزُّجاجِيَّةِ الْمُلَوَّنَةِ.

وَقَفَزْنا بَيْنَ الْمُرَبَّعاتِ بِمَرَحٍ في لُعْبَةِ الْحَجَرِ. هوبْ هوبْ...

9
6
5
4
3
2
1

وَضَحِكْنا عِنْدَما أَمْسَكَتْ جَدَّتي بِالشَّجَرَةِ في لُعْبَةِ الْغُمَّيْضَةِ.

صَنَعَتْ لَنا أُمّي طائِراتٍ وَرَقِيَّةً مُلَوَّنَةً.

يااااه ما أَجْمَلَها وَهِيَ تَطيرُ في السَّماءِ.

مممم... مَرَّ الْوَقْتُ سَريعًا وَمُمْتِعًا

مِنْ دونِ أَلْعابِنا الْإِلِكْترونِيَّةِ.

تُرَى... ما السَّبَبُ؟

كَيْفَ أَصْنَعُ/ أَخْتَرِعُ لُعْبَةً؟

هَلِ الِاسْتِمْتاعُ يَكونُ بِالْأَلْعابِ نَفْسِها أَمْ بِمَنْ نُمْضي الْوَقْتَ مَعَهُمْ؟

الْمُفْرَداتُ

1. الْقَرْيَةِ
2. نَنْشَغِلَ
3. الْمَلَلِ
4. مَرَحٍ
5. مُمْتِعًا
6. أَمْسَكَتْ

هَيّا نَسْتَمِعْ

1 ضَعِ الْإِشارَةَ ✓ تَحْتَ الصّورَةِ الَّتي تُمَثِّلُ اِسْمَ اللُّعْبَةِ في رَأْيِكَ.

1. نَسْتَمِعُ مَعًا لِلْحِوارِ 1

☐ لُعْبَةُ شَدِّ الْحَبْلِ

☐ لُعْبَةُ الْغُمَّيْضَةِ

2. نَسْتَمِعُ مَعًا لِلْحِوارِ 2

☐ لُعْبَةُ الطّائِراتِ الْوَرَقِيَّةِ

☐ لُعْبَةُ سِباقِ الْقَوارِبِ

3. نَستَمِعُ مَعًا لِلْحِوارِ 3

☐ لُعبَةُ الْحَجَرِ

☐ لُعبَةُ الْبِلْي الزُّجاجِيَّةِ

2 اِستَمِعْ لِإرْشاداتِ الْمُعَلِّمِ، والْعَبْ لُعبَةَ الْغُمَّيْضَةِ.

3 اِستَمِعْ إِلَى النَّصِّ: "ما السَّبَبُ؟!"

نَصُّ: ري عَبْد العال، رَسْمُ: دنيز دامانتي

هَيّا نَحْكِ

1 **أَتَذَكَّرُ وَأَتَجَوَّلُ**

تَجَوَّلْ في الصَّفِّ مُتَذَكِّرًا كَيْفَ تُمْضي يَوْمًا مِنْ أَيّامِ الْعُطْلَةِ.

اِخْتَرِ الْكَلِماتِ الْمُناسِبَةَ لِلتَّعْبيرِ عَنْ ذِكْرياتِكَ حَوْلَ عُطْلَتِكَ.

اِسْأَلْ زَميلًا لَمْ تَعْمَلْ مَعَهُ الْيَوْمَ وَأَنْصِتْ إِلَيْهِ.

2 **أ. قارِنْ بَيْنَ الْقَرْيَةِ وَالْمَدينَةِ: الشَّوارِعُ - الْمَباني - السَّيّاراتُ...**

ب. اِسْتَخْدِمْ رَسْمَ "فن" الْبَيانيَّ لِتَكْتُبَ كَلِماتٍ مُعَبِّرَةً عَنْ أَوْجُهِ الشَّبَهِ وَالْاِخْتِلافِ.
شارِكِ الزُّمَلاءَ رَأْيَكَ.

ج. أَيْنَ تُحِبُّ أَنْ تَعيشَ؟

3 تَأَمَّلِ الْأَلْعابَ الْمُخْتَلِفَةَ لِكُلٍّ مِنَ الشَّخْصِيّاتِ التّالِيَةِ، ثُمَّ عَبِّرْ عَنْها شَفَهِيًّا.

1.

2.

3.

4.

4 عَبِّرْ شَفَهِيًّا في جُمَلٍ تَعَجُّبِيّةٍ مَعَ زُمَلائِكَ عَلَى مِثالِ "ما أَجْمَلَ...!".

ما أَجْمَلَ .....

وَرْشَةُ الْمُفْرَداتِ

1 **اِخْتَرِ الصّورَةَ الْمُناسِبَةَ لِلْمُفْرَداتِ الْمُكْتَسَبَةِ في النَّصِّ "ما السَّبَبُ؟!".**

1.

2.

3.

4.

2 صِلْ كُلَّ صورَةٍ بِالْكَلِمَةِ الَّتي تَدُلُّ عَلَيْها:

1. زُجاجِيَّةٌ ○ ○ أ. 
2. وَرَقِيَّةٌ ○ ○ ب. 
3. مُلَوَّنَةٌ ○ ○ ج. 
4. سَريعًا ○ ○ د. 
5. مُمْتِعًا ○ ○ هـ. 

نَقْرَأُ

1 **اِقْرَأ الْكَلِماتِ وَابْحَثْ عَنْ كُلِّ غَرَضٍ مِنْ خِلالِ لُعْبَةِ "ساخِنٌ بارِدٌ".**

عَبِّرْ شَفَهِيًّا بِجُمْلَةٍ مُسْتَعينًا بِحائِطِ الْمُفْرداتِ عَنْ مَكانِ الْغَرَضِ وَالصِّفَةِ الْمُناسِبَةِ لَهُ.

1. قَلَمٌ أَزْرَقُ
2. مِسْطَرَةٌ بلاسْتيكِيَّةٌ
3. مِقَصٌّ كَبيرٌ
4. هاتِفٌ مَحْمولٌ أَسْوَدُ

2 **أُكْتُبْ كَمْ مَرَّةً وَرَدَ كُلٌّ مِنَ الْكَلِماتِ التّالِيَةِ:**

الْقَرْيَةُ: ________________

نَنْشَغِلُ: ________________

الْمَلَلُ: ________________

مَرَحٌ: ________________

مُمْتِعًا: ________________

أَمْسَكْتُ: ________________

3

اِقْرَأْ النَّصَّ: "ما السَّبَبُ؟!".

نَصّ: ريّ عَبْد العال

4

أَجِبْ عَنِ الْأَسْئِلَةِ مُسْتَعينًا بِالنَّصِّ.

1. مَنِ الْمُتَحَدِّثُ في هَذا النَّصِّ؟ ماذا يُخْبِرُنا؟ مَنِ الشَّخْصِيّاتُ في الْقِصَّةِ؟
2. أَيْنَ يَقَعُ بَيْتُ الْجَدَّةِ؟
3. هَلْ كانَتِ الْجَدَّةُ تُحِبُّ الْهاتِفَ؟ اِسْتَخْرِجْ مِنَ النَّصِّ الْجُمْلَةَ الَّتي تَدُلُّ عَلَى ذَلِكَ.
4. ما اِسْمُ اللُّعْبَةِ الَّتي تَعَلَّمَها الْكاتِبُ مِنْ أُمِّهِ؟
5. ماذا لَعِبَتِ الْجَدَّةُ مَعَ الْأَوْلادِ؟
6. كَيْفَ كانَ شُعورُ الْكاتِبِ عِنْدَما لَعِبَتْ مَعَهُمُ الْجَدَّةُ؟ ما الدَّليلُ عَلَى ذَلِكَ؟
7. ماذا صَنَعَتِ الْأُمُّ لِلْأَوْلادِ؟
8. هَلْ أَحَبَّ الْأَوْلادُ لُعْبَةَ الطّائِراتِ؟ عَلِّلْ إجابَتَكَ.
9. كَيْفَ مَرَّ الْوَقْتُ عِنْدَ الْجَدَّةِ في الْقَرْيَةِ؟

10. هَلْ تَلْعَبُ مَعَ جَدَّتِكَ؟ ما هِيَ الْأَلْعابُ الَّتي تَلْعَبونَها؟

11. تَساءَلَ الْكاتِبُ في نِهايَةِ النَّصِّ:

"مممم... مَرَّ الْوَقْتُ سَريعًا وَمُمْتِعًا مِنْ دونِ أَلْعابِنا الْإِلِكْترونِيَّةِ.

تُرى... ما السَّبَبُ؟"

في رَأْيِكَ، لِماذا مَرَّ الْوَقْتُ سَريعًا وَمِنْ دونِ أَلْعابٍ إِلِكْترونِيَّةٍ؟

هاتِ دَليلًا يَدْعَمُ رَأْيَكَ.

5

كَلِماتٌ بَصَرِيَّةٌ أَسْتَطيعُ أَنْ أَقْرَأَها بِسُرْعَةٍ.

1. فَمٌ
2. عَيْنٌ
3. لَهُمْ
4. عِنْدَهُ
5. أُخْتي

نَكْتُبُ

1

أ. أُقَطِّعِ الْكَلِماتِ التّالِيَةَ إِلَى أَصْواتِها الْقَصيرَةِ وَالطَّويلَةِ وَضَعْ كُلًّا مِنْها في الْجَدْوَلِ.

أَمْسَكْتُ				
الْقَرْيَةِ				
ضَحِكْنا				

ب. رَكِّبِ الْمَقاطِعَ لِتَحْصُلَ عَلَى الْكَلِمَةِ الْمَطْلوبَةِ.

قَـ	فَـ	زْ	نا	
صَـ	نَـ	عَتْ		
تَـ	طيـ	رُ		

ج. اِسْتَمِعْ لِلْمُعَلِّمِ وَاكْتُبِ الْجُمْلَةَ الْمَطْلوبَةَ بِشَكْلٍ صَحيحٍ.

الْوَحْدَةُ 2

الدَّرْسُ 6

أَرْبَحُ وَأَخْسَرُ

كَيْفَ أَتَصَرَّفُ حينَ أَرْبَحُ أَوْ حينَ أَخْسَرُ؟

الْمُفْرَداتُ

1. الشَّوْطَ
2. مُحْتَرِفينَ
3. إِحْمَرَّ
4. غَضِبْتُ
5. سَخيفَةٌ

هَيّا نَسْتَمِعْ

1 **شاهِدْ وَاسْتَمِعْ، ثُمَّ حَلِّلْ**

اِطْرَحْ سُؤالًا لِتَفْهَمَ أَكْثَرَ.

أَعِدْ سَرْدَ مَا فَهِمْتَ لِزَميلٍ لَكَ.

اِسْتَمِعْ مُجَدَّدًا لِأَسْئِلَةِ الْمُعَلِّمِ، وَفَكِّرْ وَتَأَمَّلْ...

2 **أُرْسُمْ دائِرَةً حَوْلَ الْإِجابَةِ الصَّحيحَةِ لِكُلِّ شَوْطٍ مِنَ الْمُباراةِ**

1. نَسْتَمِعُ مَعًا لِنَتيجَةِ الشَّوْطِ الْأَوَّلِ مِنَ الْمُباراةِ.

20 الْأُرْدُن - 30 كوريا	20 الْأُرْدُن - 10 كوريَا

2. نَسْتَمِعُ مَعًا لِنَتيجَةِ الشَّوْطِ الثّاني مِنَ الْمُباراةِ.

50 كُوريا –40 الْأُرْدُن	10 كوريَا - 30 الْأُرْدُن

3. نَسْتَمِعُ مَعًا لِنَتيجَةِ الشَّوْطِ الثّالِثِ مِنَ الْمُباراةِ.

60 كُوريا - 70 الْأُرْدُن	72 كُوريا - 72 الْأُرْدُن

3 اِسْتَمِعْ إِلَى النَّصِّ: "أَرْبَحُ أَخْسَرُ".

نَصّ: د. هَنادا طَه

السَّبْت 25 يَنايِر 2019

لَعِبْتُ مَعَ آدَمَ الْيَوْمَ لُعْبَةَ كُرَةِ الْمِضْرَبِ الْإِلِكْتُرونِيَّةَ. ضَرَبْتُ الْكُرَةَ مَرّاتٍ عِدَّةً وَبَدَأْتُ أَرْبَحُ.

أَنَا أُحِبُّ أَنْ أَرْبَحَ. رَبِحْتُ الشَّوْطَ الْأَوَّلَ وَخَسِرَ آدَمُ.

ثُمَّ بَدَأْنا الشَّوْطَ الثّاني.

لَعِبْتُ، وووووووووووخَسِرْتُ...........

أَنا لا أُحِبُّ أَنْ أَخْسَرَ.

قُلْتُ لِنَفْسي: "حَسَنًا هُناكَ شَوْطٌ أَخيرٌ. لا بُدَّ أَنْ أَرْبَحَ". ثُمَّ بَدَأْنا الشَّوْطَ الثّالِثَ وَالْأَخيرَ.

لَعِبْتُ كَالْمُحْتَرِفينَ وووووووووووخَسِرْتُ...........

اِحْمَرَّ وَجْهي، غَضِبْتُ، رَمَيْتُ الْمِضْرَبَ، وَخَرَجْتُ مِنَ الْغُرْفَةِ كَزَوْبَعَةٍ وَتَرَكْتُ آدَم وَحْدَهُ.

نَسيتُ ضَيْفي وَصَديقي لِأَنّي كُنْتُ غاضِبَةً، وَلِأَنّي كُنْتُ خاسِرَةً.

أَرْسَلَ لي آدَم رِسالَةً إِلِكْتِرونِيَّةً يَقولُ بِأَنَّهُ سَيَعودُ إِلَى بَيْتِهِ وَبِأَنَّهُ لَمْ يَكُنْ يَلْعَبُ لِيَرْبَحَ، وَإِنَّما كانَ يَلْعَبُ مَعي لِنَقْضيَ مَعًا وَقْتًا جَميلًا.

أَنا حَزينَةٌ. حَزينَةٌ لِأَنّي خَسِرْتُ اللُّعْبَةَ، وَأَكْثَرُ حُزْنًا لِأَنّي كُنْتُ سَخيفَةً مَعَ آدَم.

ماذا أَفْعَلُ؟

هَيّا نَحْكِ

1 عَبِّرْ شَفَهِيًّا فِي جُمَلٍ مَعَ زُمَلائِكَ عَلَى مِثالِ "أَلْعَبُ كَالْمُحْتَرِفينَ!" أَوْ "خَرَجْتُ كَالزَّوْبَعَةِ!".

.... كَـ ......!

وَرْشَةُ الْمُفْرَداتِ

1 اِبْحَثْ عَنْ أَضْدادِ الْكَلِماتِ التّالِيَةِ في النَّصِّ، ثُمَّ اكْتُبْها.

الْكَلِمَةُ	ضِدُّها
رَبِحْتُ	
سَعيدَةٌ	
ذَكِيَّةٌ	
رابِحَةٌ	
تَذَكَّرْتُ	
دَخَلْتُ	
أَخْسَرَ	
أَنْهَيْنا	

2 اِخْتَرِ الصُّورَةَ الْمُناسِبَةَ لِلْمُفْرَداتِ الْمُكْتَسَبَةِ في النَّصِّ "أَرْبَحُ أَخْسَرُ".

.1 

.2 

.3 

.4 

3 أُرْسُمْ ما يَخْطُرُ في بالِكَ عِنْدَ سَماعِ الْمُفْرَدَةِ "غاضِبٌ".

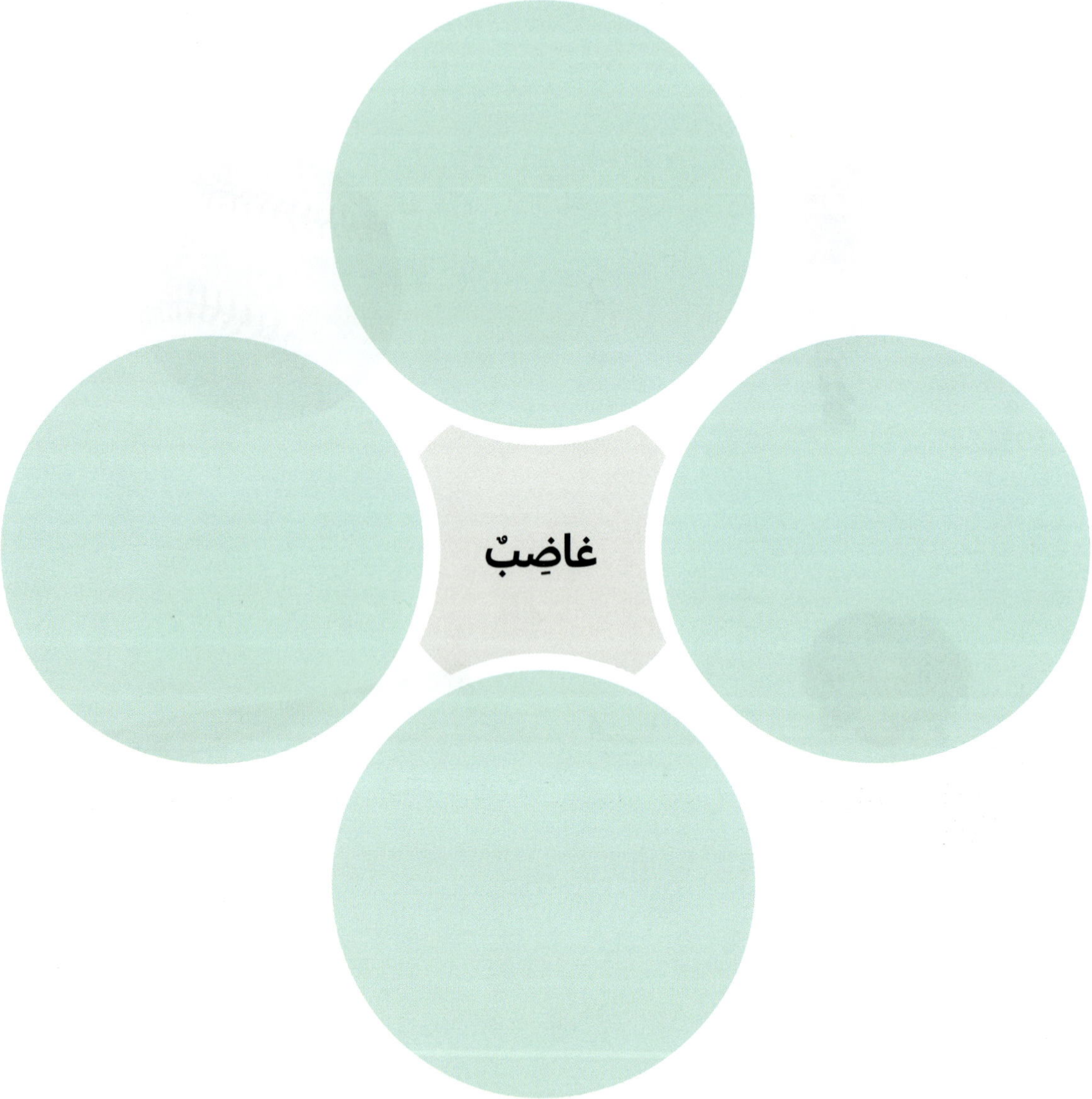

4 **حاكِ الْمُعَلِّمَ فِي الْأَصْواتِ التّالِيَةِ:**

رَبِحْتُ: رَبِحَ - أَرْبَحُ

خَسِرْتُ

غَضِبْتُ

ضَرَبْتُ

نَقْرَأُ

1 **اِسْتَمِعْ إِلَى الْمُعَلِّمِ وَأُكْتُبْ كَمْ مَرَّةً وَرَدَتْ كُلٌّ مِنَ الْكَلِماتِ التّالِيَةِ:**

الشَّوْطَ: ______________

كالْمُحْتَرِفينَ: ______________

إِحْمَرَّ: ______________

شَوْطٌ: ______________

غَضِبْتُ: ______________

سَخيفَةً: ______________

2

اِقْرَأ النَّصّ: "أَرْبَحُ أَخْسَرُ".

نَصٌّ: د. هَنادا طَه

3

أَجِبْ عَنِ الْأَسْئِلَةِ مُسْتَعينًا بِالنَّصِّ.

1. مَنِ الْمُتَحَدِّثُ في هَذا النَّصِّ وَعَمَّنْ يَتَحَدَّثُ؟
2. ماذا كانَ هَيا وَآدَم يَلْعَبانِ؟
3. مَتَى رَبِحَتْ هَيا؟
4. كَيْفَ لَعِبَتْ هيَا في الشَّوْطِ الثّالِثِ وَالْأَخيرِ؟
5. كَيْفَ صارَ وَجْهُ هيَا بَعْدَ الشَّوْطِ الْأَخيرِ؟ لِماذا؟
6. بِماذا شَبَّهَتْ هَيا نَفْسَها عِنْدَمَا غَضِبَتْ؟ اِسْتَخْرِجِ الْإِجابَةَ مِنَ النَّصِّ.
7. كَيْفَ عَبَّرَتْ هَيا عَنْ شُعورِها تِجاهَ ما حَدَثَ؟ اِسْتَخْرِجِ الْجُمْلَةَ الَّتي تَدُلُّ عَلَى ذَلِكَ.
8. اِبْحَثْ فِي النَّصِّ عَنْ ضِدَّيْنِ وَدَوِّنْهُمَا.
9. مَا الْفَرْقُ بَيْنَ آدَم وَهَيا في طَريقَةِ اللَّعِبِ؟
10. هَلْ تَتَصَرَّفُ مِثْلَ آدَم أَمْ هَيا عِنْدَما تَلْعَبُ؟ في رَأْيِكَ، أَيُّهُمَا أَفْضَلُ؟ عَلِّلْ إجابَتَكَ.

11. كَيْفَ تَشْعُرُ هَيا في نِهايَةِ رِسالَتِها؟ هاتِ دَليلًا عَلى إِجابَتِكَ.
12. قالَتْ هَيا إِنَّها خَسِرَتْ صَديقَها آدَم لِأَنَّها تَصَرَّفَتْ مَعَهُ بِغَضَبٍ. في رَأْيِكَ، كَيْفَ سَيَتَصَرَّفُ آدَم مَعَها في الْمُقابِلِ؟

4

كَلِماتٌ بَصَرِيَّةٌ أَسْتَطيعُ أَنْ أَقْرَأَها بِسُرْعَةٍ.

1. هَذِهِ
2. مِثْلَ
3. عِنْدَهَا
4. أَمامَ
5. غُرْفَةٌ

5

قارِنْ

كَيْفَ كانَ تَصَرُّفُ كُلٍّ مِنْ هَيا وَآدَم في الشَّوْطِ الْأَوَّلِ مِنْ لُعْبَةِ كُرَةِ الْمِضْرَبِ؟

كَيْفَ كانَ تَصَرُّفُ كُلٍّ مِنْ هَيا وَآدَم في الشَّوْطِ الثّالِثِ مِنْ لُعْبَةِ كُرَةِ الْمِضْرَبِ؟

كَيْفَ أَثَّرَتْ مَشاعِرُ هَيا عَلَى تَصَرُّفاتِها؟

أُرْسُمْ دائِرَةً حَوْلَ الْجَوابِ الصَّحيحِ.

رَمَتِ اللُّعْبَةَ عَلَى الْأَرْضِ - شَجَّعَتْ آدَم - ضَحِكَتْ

نَكْتُبُ

1

أ. قَطِّعِ الْكَلِماتِ التّالِيَةَ إِلَى أَصْواتِها الْقَصيرَةِ وَالطَّويلَةِ وَضَعْ كُلًّا مِنْها في الْجَدْوَلِ.

خَسِرْتُ			
تَرَكَ			
وَجْهي			

ب. رَكِّبِ الْمَقاطِعَ لِتَحْصُلَ عَلَى الْكَلِمَةِ الْمَطْلوبَةِ.

الْ	غُرْ	فَ	ةُ	
مُحْ	تَـ	رِفٌ		
رَ	بِحْ	تُ		

ج. اِسْتَمِعْ لِلْمُعَلِّمِ وَاكْتُبِ الْجُمْلَةَ الْمَطْلوبَةَ بِشَكْلٍ صَحيحٍ.

2

اِمْلَأِ الْجَدْوَلَ التّالي بِما يُناسِبُ، ثُمَّ اِلْفِظِ الْكَلِماتِ لِكِلا الْعَمودَيْنِ.

غَضِبْتُ - خَرَجْنا - لَعِبْتُ - رَمَيْتُ - خَسِرْنا - نَسيتُ

أَنا	نَحْنُ
	لَعِبْنَا
	رَمَيْنَا
خَرَجْتُ	
خَسِرْتُ	
	غَضِبْنا
	نَسَيْنا

3

صَرِّفِ الْأَفْعالَ وَأَكْمِلْ بِما يُناسِبُ عَلَى مِثالٍ:

أَنا بَدَأْتُ   نَحْنُ بَدَأْنا

1. أَنا رَبِحْتُ: ______________
2. ______________ : نَحْنُ نَسينا
3. أَنا تَرَكْتُ: ______________
4. ______________ : نَحْنُ قُلْنا

4 أُكْتُبْ رِسالَةً إِلِكْتِرونِيَّةً لِصَدِيقٍ تَرُدُّ عَلَيْهِ وَتُخْبِرُهُ فيهَا عَنْ حَدَثٍ رِياضِيٍّ حَضَرْتَهُ.

صِفِ الْجُمْهورَ وَأَداءَ اللّاعبينَ وَمَشاعِرَكَ عِنْدَما انْتَهَتِ الْمُباراةُ.

إِلَى: ____________

صُلْبُ الْمَوْضوعِ: ______________________________

____

____

____

التَّوْقيعُ: ____________

ثَقافَةٌ

هَلْ تَعرِفُ مَعنَى الْكَلِماتِ التّالِيَةِ الْمُسْتَخْدَمَةِ أَثْناءَ حَدَثٍ رِياضِيٍّ ما؟

الشَّوْطُ الْأَوَّلُ - هَدَفٌ - تَعادُلٌ

اِلْعَبْ مَعَ زُمَلائِكَ وَعَبِّرْ بِاللُّغَةِ الْعَرَبِيَّةِ وَلُغَتِكَ الْأُمِّ.

وَقْتٌ أَقْضيهِ مَعَ أَهْلي بِاللُّغَةِ الْعَرَبِيَّةِ

أعزّائي أولياء الأمور،

نتناول في هذه الوحدة موضوع "الربح والخسارة في مباراة".

من خلال العمل على تفكيك هذا المفهوم ببساطة لتلاميذنا، نعمل على إيصال تلك الفكرة من خلال النص "أربح أخسر" وعبر وسائل تفاعليّة تابعة له وللمهارات والكفايات الأخرى.

أدعوكم لمتابعة أنشطة الصف والعمل على الاستماع إلى اللغة العربيّة والاستمتاع بها، من خلال ما نوفّره لكم من اقتراحات في هذا القسم من الكتاب.

1. تحدّثوا مع ابنتكم / ابنكم عن الخسارة أو الربح في مباراة أو لعبة ما، وعن أهميّة قبول النتيجة وأهميّة التمتّع بروح رياضيّة من خلال تصرّفات قد تصدر نتيجة ذلك.

2. دعوا ابنتكم / ابنكم يخبركم عمّا كتبه من تعبير في كتابه في الصفّ.

تَقْييمٌ

Me and my parents!

Dear Parents,

In this first unit of the book: "how do I create or create a certain game?"
We target teaching them this concept through the text given for this lesson and through other interactive methods accompanying it and related to the desired targets and goals as well.

We invite you to follow their classroom activities and work with them at home. Listen to their enthusiasm and enjoy with them the process of learning Arabic through the suggestions we offer in this section of the book.

1. Talk to your child when loosing or winning in a certain game or competition and the importance of accepting negative results as it is a game and the importance is to enjoy the game with friends more than winning.
2. Let him tell you about what he / she wrote in class in his / her book for asport game he/she expressed about in his / her writing.

Assessment

الْوَحْدَةُ

3

كَيْفَ نُعَبِّرُ عَنْ أَنْفُسِنا؟

الدُّروسُ:

كَيْفَ تُعَبِّرُ اخْتِياراتُنا لِلْمَلابِسِ وَالطَّعامِ عَنَّا؟

أَسْئِلَةُ الِاسْتِكْشافِ

- ما هِيَ الْوَسائِلُ الَّتي يُمْكِنُني اِسْتِخْدامُها لِلتَّعْبيرِ عَنْ نَفْسي؟
- كَيْفَ يُمْكِنُ أَنْ أُقَدِّرَ كُلَّ ما هُوَ جَميلٌ مِن حَوْلي؟
- كَيْفَ يُمْكِنُ أَنْ أُحَدِّدَ الطَّريقَةَ أَوِ الْأُسْلوبَ الَّذي فيهِ أَصِفُ مَشاعِري لِلآخَرينَ؟

دانَةُ وَالْهَدايا

نَصّ: ري عبد العال - رَسْمُ: ماريا شابوفال

أُعَبِّرُ عَنْ حُبِّي لِعائِلَتي وَأَصْدِقائي بِهَدايا مِنْ صُنْعِ يَدَيَّ.

ماما تُحِبُّ الْقِراءَةَ، صَنَعْتُ لَها مُؤَشِّرًا
مِنْ وَرَقٍ أَصْفَرَ وَخَيْطِ صوفٍ أَحْمَرَ
لِتَعْرِفَ أَيْنَ وَصَلْتُ في قِراءَةِ كِتابِها.

هادي يُحِبُّ رُكوبَ الْأَمْواجِ، صَنَعْتُ لَهُ مِنَ الْأَصْدافِ إِطارًا لِصورَتِهِ مَعَ الْبَحْرِ.

رِيْمٌ تَحِبُّ الْعَزْفَ وَالْغِناءَ، صَنَعْتُ لَها آلَةَ ماراكاس مِنْ زُجاجَةٍ بلاستيكيَّةٍ فارِغَةٍ وَخَرزٍ مُلَوَّنٍ.

وَصَنَعْتُ لِنَفْسي سِوارًا مِنْ خَيْطِ
الصُّوْفِ وَضَعْتُ فِيْهِ صَدَفَةً وَخَرَزًا
كَي أَتَذَكَّرَ أَحِبّائي.

كَيْفَ أُعَبِّرُ عَنْ نَفْسي؟

كَيْفَ أُعَبِّرُ عَنْ مَشاعِري نَحْوَ الْآخَرينَ؟

الْمُفْرَداتُ

1. أُعَبِّرُ
2. صَنَعْتُ
3. وَصَلَتْ
4. أَتَذَكَّرُ
5. الْعَزْفُ
6. فارِغَةٍ

هَيّا نَسْتَمِعُ

1 **شاهِدْ وَاسْتَمِعْ وَتَحَدَّثْ**

اِسْتَمِعْ إِلَى الْمُعَلِّمِ ثُمَّ تَحَدَّثْ إِلَى زَميلِكَ عَمّا فَهِمْتَ مِنْهُ.

2 **فَكِّرْ وَتَذَكَّرْ**

اِسْتَمِعْ إِلَى الْمُعَلِّمِ وَشارِكِ الْمُعَلِّمَ وَالزُّمَلاءَ النِّقاشَ حَوْلَ هِواياتِكَ.

3 **أَنْصِتْ ثُمَّ كَرِّرْ**

اِسْتَمِعْ إِلَى الْجُمْلَةِ الّتي يَقولُها لَكَ زَميلُكَ ثُمَّ أَخْبِرِ الزَّميلَ التّالي.

4 **اِسْتَمِعْ إِلَى الْمُعَلِّمِ وَهُوَ يَقْرَأُ النَّصَّ "دانَةُ وَالْهَدايا".**

نَصٌّ: ري عبد العال، رَسْمٌ: ماريا شابوفال

هَيّا نَحْكِ

1 **تَكَلَّمْ مَعَ زَميلِكَ عَنْ نَشاطاتِكَ الْمُفَضَّلَةِ.**

2 **قَدِّمْ هَدِيَّةً.**

تَناقَشْ مَعَ مَجْموعَتِكَ مِنْ خِلالِ الْأَسْئِلَةِ السّابِقَةِ عَنِ الْهَدايا الَّتي تُرِيْدُ أَنْ تُقَدِّمَها.

لِمَنْ تُقَدِّمُها؟ لِماذا تُقَدِّمُها، وَمَتى؟

قَدِّمْ هَدِيَّةً إِلَى مَنْ تُحِبُّ تَعْبيرًا عَنْ حُبِّك لَهُ.

3 **مَثِّلْ مَعَ زُمَلائِكَ أَنَّكَ مَعَهُم في مَتْجَرٍ وَتُريدُ أَنْ تَشْتَرِيَ هَدِيَّةً تُقَدِّمُها إِلَى مَنْ تُحِبُّ.**

اِسْتَخْدِمْ الْمَعْلوماتِ الَّتي أَعْدَدْتَها في التَّدْريبِ السّابِقِ.

4 تَحَدَّثْ مَعَ زَميلٍ عَنْ جَدْوَلِ نَشاطِكَ الْيَوْمِيِّ.

وَرْشَةُ الْمُفْرَداتِ

1 كَلِماتٌ بَصَرِيَّةٌ أَسْتَطيعُ أَنْ أَقْرَأَها بِسُرْعَةٍ.

1. كَيْفَ
2. دَخَلَ
3. مَشَى
4. شَجَرَةٌ
5. سَأَلَ

2 تَذَكَّرْ وَاكْتَشِفْ

اِلْعَبْ لُعْبَةَ الذّاكِرَةِ ثُمَّ اِقْرَأْ الْكَلِمَاتِ الْمُتَطابِقَةَ وَاُكْتُبْها.

3 اِسْتَمِعْ وَاعْمَلْ

اِسْتَمِعْ إِلَى الْمُعَلِّمِ وَاعْمَلْ مَعَ زُمَلائِكَ وَاخْتَرِ الصّورَةَ الصَّحيحَةَ مِنَ الصُّوَرِ الّتي يَعْرِضُها عَلَيْكَ الْمَعَلِّمُ.

4 اُنْظُرْ إِلَى الصّورَةِ ثُمَّ اُكْتُبْ تَحْتَها الْكَلِمَةَ أَوِ الْعِبارَةَ الْمُناسِبَةَ لَها.

1. ______________

2. ______________

3. ______________

4. ______________

.5 ________

.6 ________

.7 ________

.8 ________

5

اِبْحَثْ وَتَحَدَّثْ

اِخْتَرْ شَيْئًا مِنَ الصُّنْدُوْقِ الَّذي مَعَ الْمُعَلِّمِ. ثُمَّ أُذْكُرْ اِسْمَهُ.

6

تَمْثيلٌ وَتَماثيلُ

مَثِّلِ الْكَلِمَةَ الْمَكْتوبَةَ في الْبِطَاقَةِ حَتَّى يَحْزِرَها زُمَلاؤكَ..

نَقْرَأُ

1 **اِقْرَأْ نَصّ: "دانَةُ وَالهَدايا".**

نَصّ: ري عبد العال، رَسْمُ: ماريا شابوفال

2 **اِقْرَأْ وَتَحَرَّكْ**

اِقْرَأْ مَعَ زُمَلائِكَ في الْمَجْموعَةِ وَتَحَرَّكْ وَأَلْصِقْ كُلّ جُمْلَةٍ تَحْتَ الصّورَةِ الْمُناسِبَةِ الّتي يَعْرِضُها عَلَيْكَ الْمُعَلِّمِ.

3 **اِقْرَأْ مَعَ زَميلِكَ ثُمّ أَجِبْ عَنِ الأسئلة.**

1. مَنِ الْمُتَحَدِّثُ في هَذا النَّصِّ؟ كَيْفَ عَرفْتَ؟
2. ماذا صَنَعَتْ دانَةُ لِأُمِّها؟ لِماذا؟
3. لَوْ كُنْتَ صَديقَ دانَةَ، ماذا تُحِبُّ أَنْ تُهْدِيَكَ؟ لِماذا؟
4. لَوْ كانَتْ دانَةُ صَديقَتَكَ؟ ماذا تُحِبُّ أَنْ تُهْدِيَها؟ لِماذا؟

4 **اِقْرَأْ مَعَ زُمَلائِكَ النّصّ الّذي يَعْرِضُهُ عَلَيْكَ الْمُعَلِّمِ وَحَدِّدِ الْكَلِماتِ الّتي تَعْرِفُها.**

2

قارِنْ وَاكْتُبْ

قارِنْ بَيْنَ مَا تَفْعَلُهُ في الْمَدْرَسَةِ وَما تَفْعَلُهُ بَعْدَ الْمَدْرَسَةِ مُسْتَخْدِمًا مُخَطَّطَ "فِنّ".

3 نَشاطَاتي الْيَوْمِيَّةُ

شارِكْ أَصْدِقاءَكَ بِكِتابَةِ نَشاطاتِكَ الْيَوْمِيَّةِ. حَدِّدِ الْأَنْشِطَةَ وَرَتِّبْها وَأَخْبِرْ زَميلَكَ أَيَّ نَشاطٍ تُحِبُّهُ أَكْثَرَ، وَلِماذا؟

راجِعْ عَمَلَكَ وَصَحِّحْهُ في دَفْتَرِكَ.

اِعْرِضْهُ عَلَى زَميلِكَ وَاسْتَمِعْ إِلَى رَأْيِهِ في ما عَرَضْتَهُ: هَلْ مَوْضوعُكَ مُنَظَّمٌ أَمْ لا؟

وَدَعْهُ يُقَدِّمُ لَكَ وَاحِدًا مِنَ الْوُجوهِ التّالِيَةِ:

اِعْرِضْ عَمَلَكَ عَلَى الْمُعَلِّمِ.

ثَقافَةٌ

صَنَعَتْ دانَةُ آلَةَ ماراكاس وَهِيَ آلَةٌ موسيقيَّةٌ مِنَ الْمَكْسيكِ. أَخْبِرْنا عَنْ آلَةٍ موسيقيَّةٍ مِنْ بَلَدِكَ. اِبْحَثْ عَنْ أَشْهَرِ آلَةٍ موسيقيَّةٍ عَرَبيَّةٍ في الْبَلَدِ الَّذي تَعيشُ فيهِ. قارِنْ بَيْنَ هَذِهِ الآلاتِ.

وَقْتٌ أَقْضِيهِ مَعَ أَهْلِي بِاللُّغَةِ الْعَرَبِيَّةِ

أعزّائي أولياء الأمور،

نتناول في هذه الوحدة، "كيف نعبر عن أنفسنا؟"، فكرة استخدام اللغة العربية في التعبير عن الأفكار والمشاعر والثقافة والعادات والتقاليد، والوسائل والأساليب التي تهمّ التلميذ ليستمتع باستخدام اللغة والابتكار فيها. كما نتناول طرح فكرة ربط العلاقات بين الوطن الأم ووطن الإقامة لتسهيل عملية اكتساب اللغة والثقافة العربية.

ندعوكم لمتابعة أنشطة الصف والعمل على الاستماع إلى اللغة العربية والاستمتاع بتكلّمها مع أبنائكم من خلال ما نوفره لكم من اقتراحات في هذا القسم من الكتاب.

1. استمع إلى ابنتك / ابنك وأجب عن أسئلته المتعلقة بوصف الحياة اليومية باللغة العربية.
2. استمع إلى ابنتك / ابنك يتحدّث عن الآلات الموسيقية في بلد الإقامة.
3. أخبر ابنتك / ابنك عن الآلات الموسيقية في البلد الأم.
4. اطلب من ابنتك / ابنك أن يقارن بين الحياة اليومية في البلد الأم وبلد الإقامة.

تَقْيِيم

Me and my parents!

Dear Parents,

In this unit of the book: "How do we express ourselves?", we address the idea of developing the student's language skills and the cross-cultural knowledge through learning about expressing our feeling, thoughts, and culture. The student can connect the use of the target language while comparing between the learning and the heritage culture.

We invite you to follow their classroom activities and work with them at home. Listen to their enthusiasm and enjoy with them the process of learning Arabic through the suggestions we offer in this section of the book.

1. Listen to your child's questions and answer them about the daily life routines.
2. Listen to your child talking about the musical instruments in the heritage and living countries.
3. tell your child about the traditional clothes in the heritage country.
4. Ask your child to compare between daily life routines in the heritage country and living country.

Assessment

الْوَحْدَةُ 3
الدَّرْسُ 2

كَيْفَ نُعَبِّرُ مِن خِلالِ الْمَلابِسِ؟

كَيْفَ أَخْتارُ مَلابِسي لِتُعَبِّرَ عَنْ هُوِيَّتي؟

الْمُفْرَداتُ

1. يُقامُ
2. اِرْتَدى
3. اِلْتَقى
4. مُمَيَّزَةٌ
5. التَّقْليدِيَّةُ
6. هُوِيَّتي

هَيّا نَسْتَمِعْ

1 **فَكِّرْ وَتَذَكَّرْ**

اِسْتَمِعْ إِلَى الْمُعَلِّمِ ثُمَّ شارِكِ الزُّمَلاءَ بِالْحَديثِ.

2 **شاهِدْ وَاسْتَمِعْ وَتَحَدَّثْ**

شاهِدِ الْفيديو ثُمَّ تَحَدَّثْ مَعَ زَميلِكَ عَمّا فَهِمتَ مِنْهُ.

3 **فَكِّرْ وَشارِكْ زُمَلاءَكَ.**

اِبْدَأْ جُمْلَتَكَ بِعِبارَةِ:

أُحِبُّ أَنْ أَرْتَدِيَ ______________________

فَكِّرْ في ما تُحِبُّ أَنْ تَرْتَدِيَ في حَفْلَةٍ تُقامُ في الْمَدْرَسَةِ بِمُناسَبَةِ الْيَوْمِ الوَطَنِيِّ؟

4 اِسْتَمِعْ إِلَى النَّصِّ: "أُحِبُّ مَلابِسي"

نَصّ: جِنان حَشّاش

الْيَوْمَ، يُقامُ حَفْلٌ كَبيرٌ فِي الْمَدْرَسَةِ. فارِسٌ يَعْرِفُ ماذا سَيَرْتَدي.
ارْتَدى ثَوْبًا فَضْفاضًا أَبْيَضَ اسْمُهُ الْكَنْدورَةُ.
وَضَعَ عَلى رأسِهِ الْغُتْرَةَ الْبَيْضاءَ وَفَوْقَها الْعِقالُ الْأَسْوَدُ، وَقالَ: "أَنا جاهِزٌ لِلْحَفْلِ".
الْتَقى رِفاقَهُ في الصَّفِّ، قالوا لَهُ: "لَمْ تَلْبَسْ ثِيابًا مُمَيَّزَةً!".
قالَ فارِسٌ: "هَذِهِ الثِّيابُ مُمَيَّزَةٌ! ثِيابُ وَطَني التَّقْليدِيَّةُ تُعَبِّرُ عَنْ هُوِيَّتي.
أَجْدادي لَبِسوها وأنا الْآنَ مِثْلُهُم. أَنا أُحِبُّ مَلابِسي!"

هَيّا نَحْكِ

1 **تَكَلَّمْ وَاسْأَلْ**

أَخْبِرْ زُمَلاءَكَ في الْمَجْموعَةِ عَنِ الْمَلابِسِ الْمُمَيَّزَةِ وَالْمَلابِسِ التَّقْليدِيَّةِ الَّتي تَلْبَسُها لِحُضوْرِ حَفْلٍ.

2 **تَحَدَّثْ إِلَى زُمَلائِكَ وَتَبادَلوا التَّهْنِئاتِ وَالْعِباراتِ اللَّطيفَةَ الَّتي تَقولُونَها عِنْدَ حُضُورِ مُناسَبَةٍ ما.**

3 **تَحَرَّكْ وَالْبَس وَتَكَلَّمْ**

أَخْبِرْ زُمَلاءَكَ عَنِ اللِّباسِ الَّذي اخْتَرْتَهُ مِنَ الصُّندوقِ.

وَرْشَةُ الْمُفْرَداتِ

1 **كَلِماتٌ بَصَرِيَّةٌ أَسْتَطيعُ أَنْ أَقْرَأَها بِسُرْعَةٍ.**

1. لَهُ
2. أَيْنَ
3. أَيّ
4. لَها
5. بَعْدُ

2 **اِجْلِسْ مَعَ زُمَلائِكَ ثُمَّ الْعَبْ: اِقْرَأِ الْكَلِمَةَ الْمُقابِلَةَ لَكَ ثُمَّ ارْمِ الْكُرَةَ.**

3 **تَمْثيلٌ وَتَماثيلُ**

مَثِّلِ الْكَلِمَةَ الْمَكْتوبَةَ في الْبِطاقَةِ حَتّى يَحْزِرَها زُمَلاؤُكَ:

تَجَمَّدْ عَلَى شَكْلِ تِمْثالٍ ثابِتٍ أَوْ قُمْ بِالتَّمْثيلِ وَالْحَرَكَةِ حَتّى يَحْزِرَها زُمَلاؤُكَ.

ثُمَّ عَلِّقوا الْكَلِمَةَ وَمَعْناها عَلَى حائِطِ الْمُفْرَداتِ.

4

أ. **تَعَلَّمِ الْمُفْرَداتِ: اِسْتَعْمِلِ الْمُفْرَداتِ في جُمْلَةٍ مِنْ إنْشائِكَ.**

أَرْتَدي = أَلْبَسُ

مَلابِسُ = ثِيابٌ

ب. **أُرْسُمْ دائِرَةً حَوْلَ الْفِعلِ الْمُناسِبِ لِلْجُمْلَةِ.**

1. أنا (يَلْبَسُ - أَلْبَسُ - تَلْبَسُ) مَلابِسَ جَميلَةً.
2. أنا (أَرْتَدِي - يَرْتَدِي - تَرْتَدِي) مَلابِسَ جَميلَةً.
3. هَيا (تَلْبَسُ - أَلْبَسُ - يَلْبَسُ) مَلابِسَ جَميلَةً.
4. هَيا (أَرْتَدِي - يَرْتَدِي - تَرْتَدِي) مَلابِسَ جَميلَةً.
5. فارِسٌ (أَلْبَسُ - يَلْبَسُ - تَلْبَسُ) مَلابِسَ جَميلَةً.
6. فارِسٌ (أَرْتَدي - تَرْتَدي - يَرْتَدي) مَلابِسَ جَميلَةً.

5 صِلْ كُلَّ كَلِمَةٍ بِضِدِّها. 

1. كَبيرٌ	أ. ضَيِّقًا
2. فَضْفاضًا	ب. صَغيرٌ
3. البَيْضاءُ	ج. تَخْلَعُ
4. تَلْبَسُ	د. السَّوْداءُ

نَقْرَأُ

1 ضَعْ عَلامَةَ ✓ أَمامَ الْجُمْلَةِ أَوِ الْعِبارَةِ الصَّحيحَةِ الَّتي تَدُلُّ عَلَى مَعانٍ وَرَدَتْ في النَّصِّ

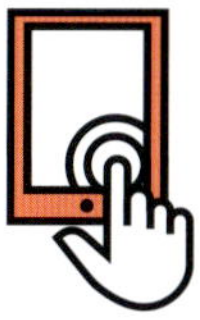

- ☐ الْيَوْمَ يُقامُ حَفْلٌ كَبيرٌ في الْبَيْتِ.
- ☐ فارِسٌ يَعْرِفُ ماذا سَيَرْتَدي.
- ☐ اِرْتَدى فارِسٌ ثَوْبًا فَضْفاضًا اسْمُهُ الْعَباءَةُ.
- ☐ قالَ فارِسٌ: أَنا جاهِزٌ لِلنَّوْمِ.
- ☐ قالَ رِفاقُ فارِسٍ: "تَلْبَسُ ثِيابًا مُمَيَّزَةً".
- ☐ قالَ فارِسٌ: هَذِهِ الثِّيابُ مُمَيَّزَةٌ! فَهِيَ تُعبِّرُ عَن هُوِيَّتي وَأَجْدادي لَبِسوها.

2 اِقْرأْ وَتَحرَّكْ

اِسْتَمِعْ إِلَى تَعْليماتِ الْمُعَلِّمِ، ثُمَّ اقْرأْ مَعَ زُمَلائِكَ في الْمَجْموعَةِ الْجُمَلِ الّتي يَعْرِضُها الْمُعَلِّم.

تَحَرَّكْ وَأَلْصِقْ كُلَّ صورَةٍ مِنَ الصُّوَرِ تَحْتَ الْجُمْلَةِ الْمُناسِبَةِ.

3 اِقْرَأْ وَأَجِبْ

اِقْرَأْ وَاسْتَمِعْ لِزَميلِكَ ثُمَّ أَجِبْ عَنِ الْأَسْئِلَةِ.

1. مَنِ الْمُتَحَدِّثُ في هَذا النَّصِّ؟ كَيْفَ عَرَفْتَ؟
2. أَيْنَ يُقامُ الْحَفْلُ الْكَبيرُ؟
3. هَلْ يَعْرِفُ فارِسٌ ماذا سَيَرْتَدي؟ لِماذا؟
4. ماذا وَضَعَ فارِسٌ عَلَى رَأْسِهِ؟ ما لَوْنُها؟
5. لِماذا تُعْتَبَرُ مَلابِسُ فارِسٍ مُمَيَّزَةً؟
6. عَمَّ تُعَبِّرُ مَلابِسُ فارِسٍ التَّقْلِيْدِيَّةُ؟
7. لَو كُنْتَ صَديقَ فارِسٍ، ماذا تُحِبُّ أَن تَلْبَسَ لِلْحَفْلِ؟
8. هَلْ تُحِبُّ مَلابِسَكَ التَّقْلِيْدِيَّةَ؟ لِماذا؟

4

اِقْرَأْ الْبِطاقاتِ مَعَ زُمَلائِكَ وَحَدِّدِ الْكَلِماتِ الَّتي تَعْرِفُها

هَذِهِ لَوْحَةُ خَطٍّ عَرَبِيٍّ دُوِّنَتْ عَلَيْها عِبارَةُ تَهْنِئَةٍ. هَلْ يُمْكِنُكَ قِراءَةُ الْعِبارَةِ؟

نَكْتُبُ

1

أ. حَلِّلِ الْكَلِماتِ التّالِيَةَ وَاكْتُبْ عَدَدَ الْمَقاطِعِ في كُلٍّ مِنْها.

يَرْتَدي				
أَبْيَضُ				
الْعِقالُ				
ثِيابٌ				

ب. رَكِّبْ كَلِماتٍ مِنَ الْمَقاطِعِ التّالِيَةِ:

تَقْ	لي	دِ	يَّ	ـةٌ	
الْ	غُتْ	رَ	ةُ		
جا	هِ	زٌ			
مَـ	لا	بِـ	سي		

ج. أُكْتُبْ ما تَسْمَعُهُ مِنَ الْمُعَلِّمِ.

____

____

2 قارِنْ وَاكْتُبْ

أُكْتُبْ مُقارَنَةً بَيْنَ ما تَلْبَسُهُ في الْمَدْرَسَةِ وَما تَلْبَسُهُ فِي الْحَفَلاتِ مُسْتَخْدِمًا الْمُخَطَّطَ التّالي:

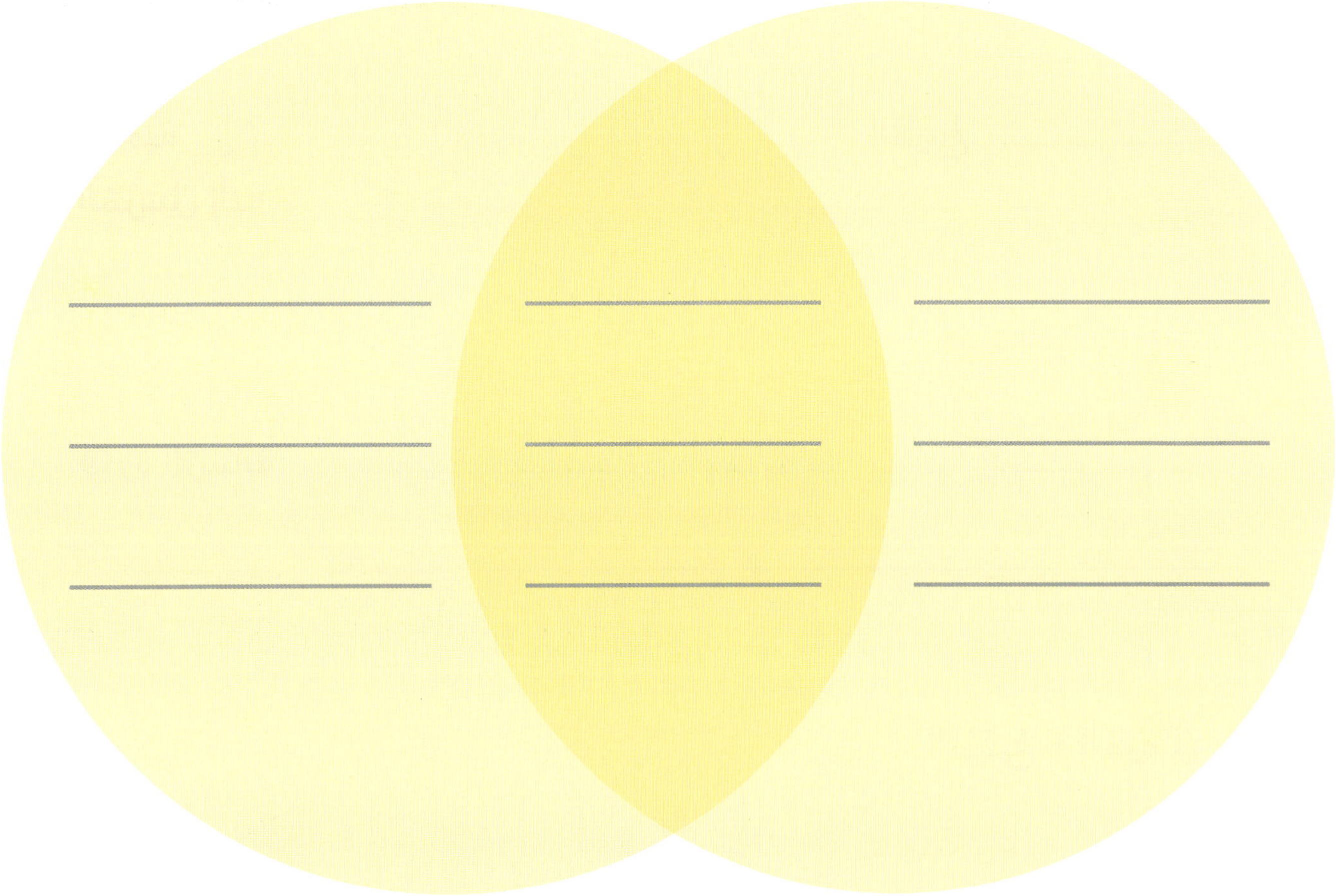

3 اِعْمَلْ وَاكْتُبْ

اِعْمَلْ مَعَ مَجْموعَتِكَ وَاصْنَعْ بِطاقَةَ تَهْنِئَةٍ لِمُناسَبَةٍ تَخْتارُها مَعَ زُمَلائِكَ. أُكْتُبْ في الْبِطاقَةِ الْعِباراتِ الْمُناسِبَةَ ثُمَّ اعْرِضْها أَمامَ مُعَلِّمِكَ وَزُمَلائِكَ في الصَّفِّ.

4 **اِقْرأ الرِّسالَةَ الْإِلِكْتْرُوْنِيَّةَ الَّتي أَرْسَلَها المُعَلِّمُ ثُمَّ اكْتُبْ رَدًّا عَلَيْها:**

- ما تُريدُ أَنْ تَقولَهُ لِلْمُعَلِّمَ.
- اِسْمَكَ وَالتّارِيْخَ.

التَّحِيَّةُ **التّاريخُ:** ______

الْمُرْسَلُ إِلَيْهِ

______

فِكْرَةُ الرِّسالَةِ: ______

______

التَّوْقيعُ + الْمُرْسِلُ

5 **قارِنْ بَيْنَ الْمَلابِسِ التَّقْليدِيَّةِ في بَلَدِكَ الْأُمِّ وَالْمَلابِسِ التَّقْلِيدِيَّةِ في بَلَدِ الْإِقامَةِ، ثمَّ أَلْصِقِ الصُّوَرَ عَلَى لَوْحَةٍ أَوْ وَرَقَةٍ كَبيرَةٍ.**

6

أَلْصِقْ وَاكْتُبْ

اِطْبَعْ أَوْ قُصَّ صُوَرًا تَدُلُّ عَلَى حَفْلِ الْيَوْمِ الْوَطَنِيِّ، وَناقِشْ زُمَلاءَكَ في الْمَلابِسِ الْمُناسِبَةِ لِهَذا الحَفْلِ المُقامِ في الْمَدْرَسَةِ.

أَلْصِقِ الصُّوَرَ عَلَى لَوْحَةٍ أَوْ وَرَقَةٍ كَبيرَةٍ، ثُمَّ اكْتُبْ جُمَلًا عَنِ الْمَلابِسِ الْمُناسِبَةِ لِلْحَفْلِ.

ثَقافَةٌ

هَلْ تَعْلَمُ أَنَّ هُناكَ كَلِماتٍ مُتَشابِهَةً في اللُّغَتَيْنِ الْعَرَبِيَّةِ والإِنْجِلِيزِيَّةِ تُشيرُ إِلَى الْمَلابِس نَفْسها؟

مِثالٌ:

قُطْن Cotton

وَقْتٌ أَقْضيهِ مَعَ أَهْلي بِاللُّغَةِ الْعَرَبِيَّةِ

أعزّائي أولياء الأمور،

نَتَناوَلُ في هَذِهِ الوحْدَةِ، "نُعَبِّرُ عَنْ أَنْفُسِنا"، فِكْرَةَ اسْتِخْدامِ اللُّغَةِ العَرَبِيَّةِ في التَّعْبيرِ عَنِ الأَفْكارِ والْمَشاعِرِ والثَّقافَةِ والعاداتِ وَالتَّقاليدِ، وفي التَّعْبيرِ عَنِ اخْتِياراتِنا لِلْمَلابِسِ وَأنواع الطَّعامِ. نتناول كذلك الْوَسائِلَ وَالأَساليب الَّتي تُهِمُّ التِّلْميذَ لِيَسْتَمْتِعَ بِاسْتِخْدامِ اللُّغَةِ وَالابْتِكارِ فيها. كما نَتَناوَلُ طَرْحَ فِكْرَةِ رَبْطِ الْعَلاقَةِ بَيْنَ الْوَطَنِ الْأُمِّ وَوَطَنِ الْإِقامَةِ لِتَسْهيلِ عَمَلِيَّةِ اكْتِسابِ اللُّغَةِ العربية وَالثَّقافَةِ الْعَرَبِيَّة.

نَدْعوكُمْ لِمُتابَعَةِ أَنْشِطَةِ الصَّفِّ وَالْعَمَلِ عَلَى الاسْتِماعِ بِالْعَرَبِيَّةِ مَعَ أَوْلادِكُمْ مِنْ خِلالِ ما نُوَفِّرُهُ لَكُمْ مِن اقْتِراحاتٍ في هذا القِسْمِ مِنَ الكِتابِ.

1. استمع إلى ابنتك / ابنك وأجب باللغة العربية عن أسئلته المتعلقة بالملابس التقليدية المميزة في البلد الأم.
2. استمع إلى ابنتك / ابنك وهو يتحدث عن اللباس الشعبي والزيّ التقليدي في بلد الإقامة.
3. أخبر ابنتك / ابنك عن اللباس الشعبي في البلد الأم واشرح له مواصفاته وميّزاته.
4. اطلب من ابنتك / ابنك أن يقارن بين الحفلات في كلّ من البلد الأم وبلد الإقامة.

تَقْييم

Me and my parents!

Dear Parents,

In this unit of the book: "How do we express ourselves?", we address the idea of developing the student's language skills and the cross-cultural knowledge through learning about expressing our feeling, thoughts, and culture. The student can connect the use of the target language while comparing between the learning and the heritage culture.

We invite you to follow their classroom activities and work with them at home. Listen to their enthusiasm and enjoy with them the process of learning Arabic through the suggestions we offer in this section of the book.

1. Listen to your child's questions and answer them about the traditional clothe in the heritage country.
2. Listen to your child talking about the traditional clothes in the heritage and living countries.
3. tell your child about the traditional clothes in the heritage country.
4. Ask your child to compare between the celebrating and gatherings in both the heritage and living countries.

Assessment

أُغْنِيَةُ الْأَلْوانِ

نَصّ: بسمة الخاطري - رَسْمُ: دنيز دامانتي

حَلَّ فَصْلُ الرَّبيعِ!

وَظَهَرَ قَوْسُ الْأَلْوانِ!

فَرِحَ الصِّغارُ، وَتَعالَتِ الأَصْواتُ:

هيييييييه!

أَيُّها القَوْسُ...

مَرْحَبًااااا!

سَمِعَ قَوْسُ الأَلْوانِ صَوْتَ الصِّغارِ، فَابْتَسَمَ، وَانْحَنَى، وَمَدَّ ذِراعَيْهِ وَحَمَلَهُم عاليًا، وَتَزَحْلَقُوا.

ووويييييي!

يا هوووووو!

وَراحوا يُغَنّونَ أُغْنِيَةَ الْأَلْوانِ:

أَحْمَرُ لَوْنُ الزَّهْرِ

نيلِيٌّ لَوْنُ الْبَحْرِ

بُرْتُقالِيٌّ بَنَفْسَجِيٌّ

أَصْفَرُ لَوْنُ الطَّيْرِ

أَخْضَرُ في الْبُسْتانِ

أَزْرَقُ، ما الْعُنْوانُ؟

في قَوْسِ الْأَلْوانِ.

كَيْفَ نُعَبِّرُ مِنْ خِلالِ الْأَلْوانِ؟

الْمُفْرَداتُ

1. حَلَّ
2. ظَهَرَ
3. الصِّغارُ
4. انْحَنَى
5. حَمَلَهُم
6. تَزَحْلَقوا

هَيّا نَسْتَمِعْ

1 **اسْتَمِعْ لِلْحِوارِ ثُمَّ إِلَى الْأَسْئِلَةِ وَارْسُمْ دائِرَةً حَوْلَ الْجَوابِ الصَّحيحِ لِكُلِّ سُؤالٍ.**

- الطَّبَقُ هُوَ:

1. قالَبُ حَلْوى بِالشُّوكولاتَةِ   2. فَتّوش   3. مَعْكَرونَةُ مَعَ كُراتِ اللَّحْمِ

- تَدورُ أَحْداثُ هَذا الْحِوارِ في:

1. الْمِقْصَفِ   2. الْبَيْتِ   3. الْحَديقَةِ

2 **أُرْسُمْ دائِرَةً حَوْلَ الْإِجابَةِ الصَّحيحَةِ لِكُلِّ حِوارٍ.**

إِسْتَمِعْ لِلْحِوارِ الْأَوَّلِ ثُمَّ أَجِبْ.

1. هَلْ يُحِبُّ آدَمُ طَبَقَ الْمِقْصَفِ الْيَومَ؟

نَعَمْ - لا

2. أُرْسُمْ طَبَقَ آدَمَ الْمُفَضَّلَ.

اِسْتَمِعْ لِلْحِوارِ الثّاني ثُمَّ أَجِبْ.

1. هَلْ تُحِبُّ روزي طَعامَ الْمَطْعَمِ؟

نَعَمْ - لا

2. لِماذا؟

---

3 اِسْتَمِعْ إِلَى النَّصِّ: "أُغْنِيَةُ الْأَلْوانِ".

شِعْرُ: بَسْمة الْخاطِري، رَسْمُ: دنيز دامانتي.

هَيّا نَحْكِ

1 عَبِّرْ شَفَهِيًّا مِنْ خِلالِ الصّورَتَيْنِ ذاكِرًا الْأَشْخاصَ وَالطَّعامَ وَالْمَكانَ.

2

عَبّر شَفَهِيًا مَعَ زُمَلائِكَ عَنِ التّالي: ماذا تَأْكُلُ في مِقْصَفِ الْمَدْرَسَةِ؟ مَعَ مَنْ تَأْكُلُ؟ كَيْفَ تَطْلُبُ الطَّعامَ؟ مَثِّلْ ذَلِكَ...

عَبِّرْ وَتَحاوَرْ مَعَ زُمَلائِكَ حَوْلَ ما تُحِبّونَ تَناوُلَهُ وَما يُعْجِبُكُمْ وَما لا يُعْجِبُكُم مِنَ الْأَطْعِمَةِ.

3

أَنْصِتْ وَأَعِدِ السَّرْدَ.

أَنْصِتْ لِزَميلِكَ وَأَعِدْ الجُمْلَةَ الّتي قالَها لَكَ لِزَميلٍ آخَرَ.

وَرْشَةُ الْمُفْرَداتِ

1 اِسْتَمِعْ لِلْمُعَلِّمِ ثُمَّ اِخْتَرِ الصّورَةَ الْمُناسِبَةَ لِلْمُفْرَداتِ الْمُكْتَسَبَةِ لِنَصِّ "أُغنِيَةُ الْأَلْوانِ".

1. 

2. 

3. 

4. 

5. 

6. 

2

تَمْثيلٌ وَتَماثيلُ

اِخْتَرْ مُفْرَدَةً مِنْ صُنْدوقِ الْمُفْرَداتِ وَمَثِّلْها لِزُمَلائِكَ.

كُنْ بارِعًا لِتَتَعَرَّفَ مَجْموعَتُكَ إِلَى الْمَعْنَى أَسْرَعَ وَيَفوزَ فَريقُكَ.

3

مُفْرَداتٌ لَها صَوْتُ النَّغَماتِ.

أ. هاتِ مِنَ النَّصِّ كَلِماتٍ لَها نَفْسُ السَّجْعِ.

أَلْوانٌ: ________، ________

هاتِ كَلِمَةً جَديدَةً مِنْ عِنْدِكَ لَها نَفْسُ السَّجْعِ.

____

هاتِ مِنَ النَّصِّ كَلِماتٍ عَلَى وَزْنِ:

أَصْفَرُ: ________، ________

ب. هاتِ كَلِمَةً مِنْ عِنْدِكَ عَلَى وَزْنِ "أَصْفَرُ"

____

4

اِبْحَثْ في النَّصِّ عَنِ الجَمْعِ الصَّحيحِ لِلْكَلِماتِ الْمُفْرَدَةِ التّالِيَةِ، وَاكْتُبْها.

1. اللَّوْنُ: ________
2. الصَّغيرُ: ________
3. الصَّوْتُ: ________

اِخْتَرْ كَلِمَةً مِنْ بَيْنِ الْكَلِماتِ وَضَعْها في جُمْلَةٍ مِنْ تَأْليفِكَ.

____

نَقْرَأُ

1 **اِقْرَأْ مَعَ الْمُعَلِّمِ وَالزُّمَلاءِ قِراءَةً مُشْتَرَكَةً.**

لي عَيْنانِ... لي أُذُنانِ

لي أَنْفٌ... رَسَمَ الفَنّانُ

لي يَدانِ... لي قَدَمانِ

لي قَلْبٌ... طَيِّبُ الرَّيْحانِ

لي رَأْسٌ... لي صَوْتٌ.

لي عَقْلٌ... يَزِنُ الأَطْنانَ

د. هنادا طه

2 **أُكْتُبْ كَمْ مَرَّةً وَرَدَتْ كُلُّ كَلِمَةٍ مِنَ الْكَلِماتِ التّالِيَةِ في نَّصّ: "أُغْنِيَةُ الأَلْوانِ".**

حَلَّ: ____________

ظَهَرَ: ____________

الصِّغارُ: ____________

انْحَنَى: ____________

حَمَلَهُم: ____________

تَزَحْلَقُوا: ____________

3 اِقْرَأِ النَّصّ "أُغْنِيَةُ الْأَلْوانِ".

نَصّ: بسمة الخاطري، رَسْمُ: دنيز دامانتي

4 أَجِبْ عَنِ الْأَسْئِلَةِ مُسْتَعينًا بِالنَّصّ "أُغْنِيَةُ الْألْوان".

1. في أَيِّ فَصْلٍ تَدورُ أَحْداثُ هَذا النَّصِّ؟
2. ما الَّذي ظَهَرَ؟
3. مَنْ فَرِحَ بِقُدومِ الرَّبيعِ؟
4. هَلْ كانَ قَوْسُ الْأَلْوانِ أَوْ قَوْسُ قُزَحَ سَعيدًا بِقُدومِ الصِّغارِ في الْمُقابِلِ؟ اِسْتَخْرِجِ الْكَلِمَةَ الَّتي تَدُلُّ عَلَى جَوابِكَ.
5. كَيْفَ تَصرَّفَ قَوْسُ الْأَلْوانِ مَعَ الصِّغارِ؟
6. ماذا فَعَلَ الصِّغارُ بَعْدَ ذَلِكَ؟
7. ما عَدَدُ الْأَلْوانِ في النَّصِّ؟ حَلِّلْ لِماذا هِيَ بِهَذا الْعَدَدِ.
8. ما لَونُ كُلٍّ مِنَ الزَّهْرِ وَالطَّيْرِ وَالْبُسْتانِ وَالْبَحْرِ؟
9. لِماذا هُناكَ أَلْوانٌ عَديدَةٌ في رَأْيِكَ؟ عَلِّلْ إِجابَتَكَ.
10. ما الْأَلْوانُ الْأُخْرَى الَّتي نَراها في فَصْلِ الْخَريفِ؟ وَفي فَصْلِ الشِّتاءِ؟
11. أَيَّ فَصْلٍ تُحِبُّ؟

5 كَلِماتٌ بَصَرِيَّةٌ أَسْتَطيعُ أَنْ أَقْرَأَها بِسُرْعَةٍ.

1. شُكْرًا
2. كِتابٌ
3. يَعيشُ
4. شَرِبَ
5. فَتَحَ

نَكْتُبُ

1

أ. حَلِّلِ الْكَلِماتِ التّالِيَةَ إِلَى مَقاطِعَ صَوْتِيَّةٍ:

تَزَحْلَقَ				
ظَهَر				
بَنَفْسَجِيٌّ				

ب. رَكِّبِ الْمَقاطِعَ لِتَحْصُلَ عَلَى الْكَلِمَةِ الْمَطْلوبَةِ.

الْ	بُسْ	تا	نُ	
الْ	أَلْ	وا	نُ	
بُرْ	تُ	قا	لِيٌّ	

ج. اِسْتَمِعْ لِلْمُعَلِّمِ وَاكْتُبِ الْجُمْلَةَ الْمَطْلوبَةَ بِشَكْلٍ صَحيحٍ.

____

____

2 اِمْلَأِ الْجَدْوَلَ بِما يُناسِبُ.

أُغْنِيَةٌ - صَوْتانِ - زَهْرَةٌ - ذِراعانِ

الْمُفْرَدُ	الْمُثَنّى
لَوْنٌ	لَوْنانِ
صَوْتٌ	
ذِراعٌ	
	أُغْنِيَتانِ
	زَهْرَتانِ

3 ضَعْ "هَذا" أَوْ "هَذِهِ" في الْمَكانِ الصَّحيحِ.

________ قَوْسُ قُزَحَ.

________ قَلَمٌ أَخْضَرُ.

________ زَهْرَةٌ حَمْراءُ.

________ بَحْرٌ كَبيرٌ.

________ بُسْتانٌ خَلّابٌ.

________ زُحْلوقَةٌ جَديدَةٌ.

________ أُغْنِيَةٌ جَميلَةٌ.

________ طَيْرٌ صَغيرٌ.

7

ساعِدْ هَيا وَالْأَصْدِقاءَ عَلَى التَّعْبيرِ عَنْ حُبِّهِمْ لِمِقْصَفِ الْمَدْرَسَةِ بِتَزْيينِها.

اِسْتَكْمِلْ كِتابَةَ اللَّائِحَةِ مَعَ زَميلِكَ ثُمَّ اعْرِضْها مَعَ مَجْموعَتِكَ.

- بالونَةٌ أَمْ بالوناتٌ
- لَوْنٌ أَمْ أَلْوانٌ؟
- ____________________
- ____________________
- ____________________
- ____________________
- ____________________
- ____________________
- ____________________
- ____________________
- ____________________

اِخْتَرْ طَبَقَكَ الْمُفَضَّلَ وَاكْتُبْ فَقَرَةً عَنْ زِيارَتِكَ لِلْمَطْعَمِ مَعَ شَخْصٍ تُحِبُّهُ.

ثَقافَةٌ

هَلْ تَعْرِفُ مَعْنى "لَيْلَكيّ" في لُغَتِكَ الْأُمِّ؟

هَلْ تَعْرِفُ مَعْنى "زَهْرَةُ اللَّيْلَكِ" في لُغَتِكَ الْأُمِّ؟

هَلْ تَعْلَمُ أَنَّ هُناكَ كَلِماتٍ أُخْرى تَعْني "لَيْلَكيّ" أَيْضًا؟

هَلْ تَعْرِفُ ما هُما اللَّوْنانِ اللَّذانِ إِنْ مَزَجْتَهُما تَحْصُلُ عَلَى هَذا اللَّوْنِ؟

وَقْتٌ أَقْضِيهِ مَعَ أَهْلِي بِاللُّغَةِ الْعَرَبِيَّةِ

أعزّائي أولياء الأمور،

نتناول في هذه الوحدة موضوع كيف نعبّر بالألوان.

من خلال العمل على تبسيط هذا المفهوم لتلاميذنا، نعمل على إيصال فكرة التعبير بالألوان من خلال النص "أغنية الألوان" وعبر وسائل تفاعليّة تابعة له وللمهارات والكفايات الأخرى.

ندعوكم لمتابعة أنشطة الصف والاستماع والاستمتاع باللغة العربيّة مع أبنائكم من خلال ما نوفّره لكم من اقتراحات في هذا القسم من الكتاب.

1. دع ابنتك / ابنك يحدّثك عن الألوان المختلفة لقوس قزح وفي أيّ فصل نراه غالبًا.
2. ابحث مع ابنتك / ابنك عن صور بعض الأطباق المختلفة في المجلّات ودعه يحضرها إلى الصّف.
3. شاهد مع ابنتك / ابنك تسجيل الفيديو الذي صوّرناه في الكافتيريا.
4. دعه يخبرك عمّا كتبه من تعبير في كتابه في الصفّ وعن لائحة الطعام التي ألّفها.

تَقْييم

Me and my parents!

Dear Parents,

In this first unit of the book: "How do we express ourselves through colors?"

We target teaching them this concept through the text given for this lesson and through other interactive methods accompanying it and related to the desired targets and goals as well.

We invite you to follow their classroom activities and work with them at home. Listen to their enthusiasm and enjoy with them the process of learning Arabic through the suggestions we offer in this section of the book.

1. Let your child tells you about the color of rainbow we learned and in which season they appear mostly.
2. Look at the video registered in the cafeteria at school.
3. Look with your child about certain pictures for some meals in magazines and let him / her get them to school.
4. Let your child tells you about the menu he / she created for the restaurant and the text he / she wrote in his book.

Assessment

الْوَحْدَةُ 3

الدَّرْسُ 4

فِي مَقْصَفِ الْمَدْرَسَةِ

الْمُفْرَداتُ

1. مَقْصَفٌ
2. طابورٌ
3. الْفُسْحَةُ
4. شَطائِرِ
5. شَهِيٌّ
6. نَجْتَمِعُ

كَيْفَ تُعَبِّرُ اِخْتِياراتُنا لِلْطَّعامِ عَنْ تَمَيُّزِنا وَاِخْتِلافِنا؟

هَيّا نَسْتَمِعْ

1 اِسْتَمِعْ لِرِسالَةِ الْمُعَلِّمِ، وَتَناقَشْ مَعَ زَميلِكَ في ما فَهِمْتُما.

2 اِسْتَمِعْ لِلْحِوارِ ثُمَّ ضَعِ الْإِشارَةَ ✓ بِجانِبِ الْجَوابِ الصَّحيحِ.

1. الْمُفاجَأَةُ الْحُلْوَةُ لِروزي هِيَ:
   - ☐ مَطْعَمُ بيتزا جَديدٌ
   - ☐ مَطْعَمُ سوشي جَديدٌ
2. الْمَطْعَمُ
   - ☐ صَغيرٌ وَنَظيفٌ
   - ☐ كَبيرٌ وَنَظيفٌ
3. طاوِلاتُ الْمَطْعَمِ:
   - ☐ دائِرِيَّةٌ
   - ☐ مُسْتَطيلَةٌ
4. الْمَطْعَمُ مُزَيَّنٌ:
   - ☐ بِالْأَزْهارِ
   - ☐ بِالرُّسومِ
5. الْكَراسِيُّ:
   - ☐ رَمادِيَّةٌ
   - ☐ مُلَوَّنَةٌ
6. الشَّبابيكُ:
   - ☐ لا توجَدُ شَبابيكُ
   - ☐ زُجاجِيَّةٌ مُلَوَّنَةٌ

3 اِسْتَمِعْ إِلَى النَّصِّ: "في مَقْصَفِ الْمَدْرَسَةِ"

نَصُّ: فرج الظفيري

يَرِنُّ الْجَرَسُ، وَتَبْدَأُ الْفُسْحَةُ.

نَذْهَبُ إِلَى مَقْصَفِ الْمَدْرَسَةِ.

الْمَقْصَفُ واسِعٌ، وَنَظيفٌ، وَمُرَتَّبٌ.

التَّلاميذُ يَقِفونَ في الطّابورِ.

أُفَكِّرُ... ماذا سَأَخْتارُ؟

طَعامُ الْمَقْصَفِ صِحِّيٌّ، وَشَهِيٌّ.

شَطائِرُ مُتَنَوِّعَةٌ، وَفَواكِهُ طازَجَةٌ، وَعَصائِرُ مُنْعِشَةٌ، وَحَليبٌ لَذيذٌ، وَماءٌ عَذْبٌ.

أُحِبُّ شَطيرَةَ الْجُبْنِ، وَعَصيرَ الْبُرْتُقالِ، وَأَحْيانًا أَشْرَبُ الْحَليبَ.

بَعْضُ أَصْحابي يُحِبّونَ شَطيرَةَ الْبَيْضِ أَو شَطيرَةَ الْفَلافِلِ.

كُلُّ واحِدٍ مِنّا يُحِبُّ طَعامًا مُعَيَّنًا.

ثُمَّ نَجْتَمِعُ كُلُّنا، وَنَأْكُلُ في سَعادَةٍ.

هَيّا نَحْكِ

1 **تَذَكَّرْ وَشارِكْ زَميلَكَ الْحَكْيَ عَنِ الْأَطْعِمَةِ التي تُحِبُّها.**

هَلْ هُناكَ أَطْعِمَةٌ مُتَمَيِّزَةٌ في بَلَدِكَ؟ ماذا تُحِبُّ مِنَ الْأَطْعِمَةِ في الْبِلادِ الْأُخْرَى؟
شارِكِ الْمُعَلِّمَ والزُّمَلاءَ.

2 **أَنْصِتْ وَأَعِدِ السَّرْدَ.**

اَنْصِتْ لِزَميلِكَ وَأَعِدْ الْجُمْلَةَ الّتي قالَها لَكَ لِزَميلٍ آخَرْ.

3 **أَخْبِرْ ثُمَّ اسْتَمِعْ**

تَحَدَّثْ مَعَ زَميلٍ لَكَ عَنْ مَطْعَمِكَ الْمُفَضَّلِ.
صِفِ الْمَطْعَمَ مِنْ حَيْثُ الشَّكْلُ والنَّظافَةُ.
لا تَنْسَ أَنْ تُخْبِرَ ما يُقَدِّمُهُ هَذا الْمَطْعَمُ مِنْ أَطْعِمَةٍ.

4 **إِسْتَمِعْ إِلَى الْحِكايَةِ مِنَ الْمُعَلِّمِ ثُمَّ شارِك بِرَأْيِكَ.**

وَرْشَةُ الْمُفْرَداتِ

1 اِسْتَمِعْ لِلْحِوارِ ثُمَّ ضَعْ الْإشارَةَ ✓ بِجانِبِ الْجَوابِ الصَّحيحِ.

.1

.2

.3

.4

.5

.6

2 اِبْحَثْ عَنْ أَضْدادِ الْكَلِماتِ التّاليةِ مِنَ النَّصِّ "في مَقْصَفِ الْمَدْرَسَةِ" ثُمَّ اُكْتُبْها.

الْكَلِمَةُ	ضِدُّها
تَنْتَهي	
ضَيِّق	
وَسِخٌ	
يَكْرَهونَ	
يَجْلِسونَ	
نَفْتَرِقُ	

3 اِبْحَثْ في النَّصّ "في مَقْصَفِ الْمَدْرَسَةِ" عَنِ الْجَمْعِ الصَّحيحِ لِلْكَلِماتِ الْمُفْرَدَةِ التّاليةِ واكْتُبْها في الْجِدْوَلِ.

الْمُفْرَدُ	الْجَمْعُ
شَطيرَةٌ	
بَيْضَةٌ	
عَصيرٌ	
تِلْميذٌ	
صاحِبي	

4

اِقْرأْ كُلَّ كَلِمَةٍ وَبَيِّنِ الْفَرْقَ، ثُمَّ أُرْسُمْ مَعْناها في الْمُرَبَّعِ.

هَذِهِ كَلِماتٌ مُتَشابِهَةُ الشَّكْلِ لَكِنْ مُخْتَلِفَةُ الْمَعْنَى.

جَرَسٌ	حَرَسٌ	ماءٌ	مالٌ

نَقْرَأُ

1

اِقْرَأْ مَعَ المُعَلِّمِ والزُّمَلاءِ قِراءَةً مُشْتَرَكَةً.

في المَطْعَمِ:

في المَطْعَمِ آكُلُ "فَتّوش"

في المَطْعَمِ وَجْهي بَشوش

في المَطْعَمِ ...حِمَّصٌ وَفول

وَهامبورجر

غَيْرُ مَعْقُول!

في الْمَطْعَمِ... آكُلُ كَالْغول!

د. هنادا طه

2 اِسْتَمِعْ لِلْمُعَلِّمِ وَاُكْتُبْ كَمْ مَرَّةً وَرَدَتْ كُلٌّ مِنَ الْكَلِماتِ التّالِيَةِ:

مَقْصَفٌ: ______________

طابورٌ: ______________

الْفُسْحَةُ: ______________

شَطائِرُ: ______________

شَهِيٌّ: ______________

نَجْتَمِعُ: ______________

3

اِقْرَأ النَّصَّ: "في مَقْصَفِ الْمَدْرَسَةِ".

نَصّ: فرج الظفيري

4

أَجِبْ عَنِ الْأَسْئِلَةِ مُسْتَعينًا بِالنَّصِّ.

1. في أَيِّ مَكانٍ تَدورُ أَحْداثُ هَذا النَّصِّ؟
2. مَتَى يَذهَبُ الْأَوْلادُ إِلَى مَقْصَفِ الْمَدْرَسَةِ؟
3. ما هِيَ الصِّفاتِ الّتي اسْتَخْدَمَها الْمُتَحَدِّثُ في النَّصِّ عَنِ الْمَقْصَفِ؟
4. كَيْفَ يَقِفُ الْأَوْلادُ في الْمَقْصَفِ؟
5. كَيفَ وَصَفَ الْمُتَحَدِّثُ طَعامَ الْمَقْصَفِ؟
6. ما هِيَ أَنْواعَ الْمَشْروباتِ الّتي ذَكَرَها الْمُتَحَدِّثُ في النَّصِّ؟
7. عَدِّدْ أَنْواعَ الشَّطائِرِ الّتي ذَكَرَها الْمُتَحَدِّثُ في النَّصِّ.
8. ما هِيَ شَطيرةُ الْمُتَحَدِّثِ الْمُفَضَّلَةُ؟ وَأَنْتَ، أَيَّ شَطَيرةٍ تُحِبُّ؟
9. بِمَ يَشْعُرُ الْأَصْحابُ حينَ يَتَناوَلونَ الطَّعامَ مَعًا؟
10. وَأَنْتَ، ماذا تُحِبُّ أَنْ تَأْكُلَ وَقْتَ الفُسْحَةِ ومَعَ مَنْ؟

5

كَلِماتٌ بَصَرِيَّةٌ أَسْتَطيعُ أَنْ أَقْرَأَها بِسُرْعَةٍ.

1. بِنْتٌ
2. فَوْقَ
3. فَعَلَ
4. مَدْرَسَةٌ
5. أُريدُ

نَكْتُبُ

1

أ. حَلِّلِ الْكَلِماتِ التّالِيَةَ إِلَى مَقاطِعَ صَوْتِيَّةٍ:

فَلافِلُ				
شَطيرَةٌ				
مَقْصِفٌ				

ب. رَكِّبِ الْمَقاطِعَ لِتَحْصُلَ عَلَى الْكَلِمَةِ الْمَطْلوبَةِ.

الـ	جبـ	نِ		
نَـ	ظيـ	فٌ		
نجـ	تَـ	مِـ	عُ	

ج. اِسْتَمِعْ لِلْمُعَلِّمِ وَاكْتُبِ الْجُمْلَةَ الْمَطْلوبَةَ بِشَكْلٍ صَحيحٍ.

____

____

2

هَذِهِ الْكَلِماتُ هِيَ في الْمُثَنّى. اِبْحَثْ في النَّصِّ عَنْ مُفْرَدِ كُلٍّ مِنْها ثُمَّ اكْتُبْها في الْجَدْوَلِ.

الْمُثَنّى	الْمُفْرَد
الْمَدْرَسَتان	
الْفُسْحَتَيْن	
طابوران	
شَطيرَتَيْن	
جَرَسان	

3 زُرْتَ مَطْعَمًا يُعجِبُكَ: صِفْ تَجْرِبَتَكَ مِنْ خِلالِ المُخَطَّطِ التّالي، ثُمَّ اكْتُبْها.

أصف بكل حواسي	
كانت الأصوات	كان شكله
كنت أشعر بـ	كانت الرائحة
كانت الأطعمة	

ثَقافَةٌ

هَلْ يُمْكِنُكَ أَنْ تُعَدِّدَ أَسْماءَ أَنْواعِ الشَّطائِرِ مِنْ بُلْدانٍ عِدَّةٍ؟

وَقْتٌ أَقْضِيهِ مَعَ أَهْلِي بِاللُّغَةِ الْعَرَبِيَّةِ

أعزّائي أولياء الأمور،

نتناول في هذه الوحدة موضوع "مقصف المدرسة".

من خلال العمل على تبسيط هذا المفهوم لتلاميذنا، نعمل على إيصال تلك الفكرة من خلال النص "في مَقْصِفِ المدرسة" وعبر وسائل تفاعليّة تابعة له وللمهارات والكفايات الأخرى.

أدعوكم لمتابعة أنشطة الصف والعمل على الاستماع والاستمتاع باللغة العربيّة مع أبنائكم من خلال ما نوفّره لكم من اقتراحات في هذا القسم من الكتاب.

1. دعوه يخبركم عمّا تعرّف إليه من شطائر من بلدان عدّة وليحضر شطيرته المفضّلة في داخلها واضِعًا ما اختاره من طعام إن مالحًا أو حلوًا، وليخبر رفاقه عنه في الصّفّ.
2. شاهدوا ما قمنا به من تسجيل فيديو في المقصف مع ابنتكم / ابنكم.
3. دعوه يخبركم عمّا كتبه من موضوع كتابي في الصفّ عن وصفه لمطعم من تأليفه.

تَقْيِيم

Me and my parents!

Dear Parents,

In this unit of the book: "At the school's cafeteria"

We target teaching them this concept through the text given for this lesson and through other interactive methods accompanying it and related to the desired targets and goals as well.

We invite you to follow their classroom activities and work with them at home. Listen to their enthusiasm and enjoy with them the process of learning Arabic through the suggestions we offer in this section of the book.

1. Let your child tells you about the different kinds of bread we encountered from many countries and let him / her gets his favorite sandwich (with the bread he / she loves the most) and let him / her add to it his / her favorite food whether salty or sweet and to talk about it in front of his / her peers in class.
2. Look at the video registered in the cafeteria at school.
3. Let your child tells you about what he / she wrote when describing his / her own restaurant in his / her book.

Assessment

عِنْدَما يَبْتَسِمُ قَلْبي

نَصّ: د. هنادا طه وَمَلاك عُبَيْد - رسم: دنيز دامانتي

كَمْ أُحِبُّ الرّسْمَ!

مُنْذُ أنْ كُنْتُ صَغيرةً، وَأنا أَجِدُ في الرَّسْمِ عالَمًا مَليئًا بِالْقِصَصِ.

ماما دائِمًا تَقولُ لي: "أَنْتِ فَتّانَةٌ مُبْدِعَةٌ وَمُدْهِشَةٌ".

أَحْمِلُ مَعي أقْلامي وَمُفَكِّرَةً صَغيرَةً أَرْسُمُ فيها.

أَرْسُمُ ماما وَبابا وَهُما يُحَضِّرانِ لَنا الطَّعامَ اللّذيذَ.

أُلْصِقُ الرّسْمَ عَلى بابِ غُرْفَتي.

أَرْسُمُ كُلَّ شَخْصٍ وَكُلَّ شَيْءٍ أُحِبُّهُ، فَيَبْتَسِمُ قَلْبي.

كَيْفَ نُعَبِّرُ مِنْ خِلالِ الْفَنِّ؟

كَيْفَ يَكونُ الْفَنُّ أَداةً لِلتَّعْبيرِ؟

الْمُفْرَداتُ

1. يَبْتَسِمُ
2. فَنّانَةٌ
3. مُبْدِعَةٌ
4. مُدْهِشَةٌ
5. مَليئًا
6. يُحَضِّرانِ

هَيّا نَسْتَمِعْ

1 **اِسْتَمِعْ لِكُلِّ حِوارٍ يَقْرَأُهُ الْمُعَلِّمِ ثُمَّ إلى السُّؤالِ وَارْسُمْ دائرَةً حَوْلَ الجَوابِ الصَّحيحِ.**

حِوار 1:

- يُحِبُّ دايْ لين:

رُكوبَ الدّرّاجَةِ في فَصْلِ الصَّيْفِ   السِّباحَةَ في فَصْلِ الصَّيْفِ

حِوار 2:

- لا يُحِبُّ فارِس:

لُعْبَةَ الشِّطْرَنْج   الرّسْمَ والتّلْوينَ

2 **اِسْتَمِعْ إلى النَّصّ: "عِنْدَما يَبْتَسِمُ قَلْبي".**

نَصّ: د. هنادا طه وَمَلاك عُبَيْد، رسم: دنيز دامانتي

هَيّا نَحْكِ

1 **مُخْتَلِفونَ في شَكْلِنا الْخارِجِيِّ... مُتَشابِهونَ في حُبِّنا لِلْخَيْرِ... مُتَمَيِّزونَ في التَّعْبيرِ عَنْ مَشاعِرِنا**

أُرْسُمْ ما تُحِبُّ أنْ تَفْعَلَ بِيَدِكَ لِيَكونَ الْعالَمُ أَجْمَلَ ثُمَّ أَخْبِرْ زَميلَكَ عَنْ ذَلِكَ

2 أَخْبِرْ ثُمَّ اسْتَمِعْ

عَبِّرْ شَفَوِيًّا لِزَميلٍ لَكَ عَمّا تُحِبُّ وَما لا تُحِبُّ أنْ تَفْعَلَهُ في وَقْتِ فَراغِكَ.
اِسْأَلْ زَميلَكَ الْآنَ عَمّا يُحِبُّ وَما لا يُحِبُّ أنْ يَفْعَلَهُ في وَقْتِ فَراغِهِ.
أَعِدْ سَرْدَ ما قالَهُ لَكَ.

وَرْشَةُ الْمُفْرَداتِ

1 اِخْتَرِ الصّورَةَ الْمُناسِبَةَ لِلْمُفْرَداتِ الْمُكْتَسَبَةِ لِلنَّصِّ "عِنْدَما يَبْتَسِمُ قَلْبي".

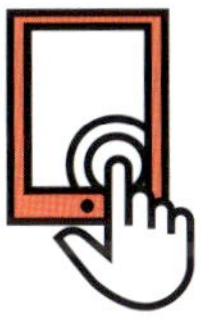

.1

.2

.3

.4

2 اِبْحَثْ عَنْ أَضْدادِ الْكَلِماتِ التّالِيَةِ مِنَ النَصِّ ثُمَّ اكْتُبْها.

الْكَلِمَةُ		ضِدُّها
يَحْزَنُ		
أَكْرَهُ		
كَبيرَة		
فارِغًا		
شَيْء		

3 اِسْتَمِعْ لِلْمُعَلِّمِ وضَعْ الْكَلِماتِ التّالِيَةِ في مكانِها الصّحيح:

أَقْلامي - بابا - فَنّانَة - عَقْلي

ماما: ____________

قَلْبي: ____________

رَسّامَة: ____________

أَلْواني: ____________

هاتِ مِنْ عِنْدِكَ كَلِمَتَينِ عَلى نَفْسِ الْوَزْنِ.

4

هَذِهِ كَلِماتٌ مُتَشابِهَةُ الشَّكْلِ لَكِنْ مُخْتَلِفَةُ المَعْنى.

اِقْرأْ كُلَّ كَلِمَةٍ وأَوْضِحِ الفَرْقَ ثُمَّ ارْسُمْ مَعْناها في المُرَبعِ.

رَسْمَة	بَسْمَة	قَلْبي	كَلْبي

5

أَجِبْ وَتَذَكَّرْ

1. مَنْ قامَ بِالْفِعْلِ؟
2. مَنِ الّذي حَضَّرَ شَطيرَةَ الْفَلافِلِ؟
3. مَنِ الّذي لَعِبَ لُعْبَةَ الْحَجَلَةِ؟
4. مَنِ الّذي سَجَّلَ هَدَفًا مُدْهِشًا؟
5. مَنِ الّذي رَسَمَ لَوْحَةً جَميلَةً؟

نَقْرَأُ

1 **اِقْرَأْ مَعَ الْمُعَلِّمِ وَالزُّمَلاءِ قِراءَةً مُشْتَرَكَةً.**

الْألْوان

شَعْري أَسْوَدُ   قَميصي أَخْضَرُ

قَلَمي أَزْرَقْ   حِذائي أَصْفَرُ

بَيْتي بُنِّيٌّ   كوبي أَحْمَرُ

قَلْبي أَبْيَضْ   قَلْبي أبْيَضْ

د. هنادا طه

2 **اِسْتَمِعْ لِلْمُعَلِّمِ واكْتُبْ كَمْ مَرَّةً وَرَدَتْ كُلٌّ مِنَ الْكَلِماتِ التّالِيَةِ:**

يَبْتَسِمُ: ______________

فَنّانة: ______________

مُبْدِعَة: ______________

مُدْهِشَة: ______________

مَليئًا: ______________

يُحضّرانِ: ______________

3 اِقْرَأ النَّصّ: "عِنْدَما يَبْتَسِمُ قَلْبي".

نَصّ: د. هنادا طه وَمَلاك عُبَيْد، رسم: دنيز دامانتي

4 أَجِبْ عَنِ الْأَسْئِلَةِ مُسْتَعينًا بِالنَّصِّ.

1. ماذا تُحِبُّ الْمُتَحَدِّثَةُ أنْ تَفْعَلَ؟
2. مُنْذُ مَتَى تُحِبُّ الرَّسْمَ؟
3. اِسْتَخْرِجْ مِنَ النَّصِّ الْجُمْلَةَ الّتي تَدُلُّ عَلَى خَيالِ الْمُتَحَدِّثَةِ في هَذا الْمَجالِ.
4. هَلْ كانَتِ الْأُمُّ تُشَجِّعُ ابْنَتَها؟ عَلِّلْ إجابَتَكَ.
5. أَيْنَ كانَتْ هَذِهِ الْفَنّانَةُ الصَّغيرَةُ تَرْسُمُ الرّسومَ؟
6. هَلْ يَتَساعَدُ أبوها وَأُمُّها في تَحْضيرِ الطَّعامِ؟ كَيْفَ عَرَفْتَ؟
7. ماذا كانَتْ تَفْعَلُ الرَّسّامَةُ بِالرّسومِ؟ لِماذا؟ هاتِ دَليلاً مِن النّصّ.
8. هَلْ كانَتِ الْمُتَحَدِّثَة تَرْسُمُ أُمَّها فَقَطْ؟ مَنْ أَيْضًا؟ لِماذا؟
9. بِمَ كانَتْ تَشْعُرُ حينَ كانَتْ تَرْسُمُ مَنْ تُحِبُّ؟ هَلْ تُحِبُّ أنْ تَرْسُمَ مِثْلَها؟
10. وَأنْتَ، مَتى يَبْتَسِمُ قَلْبُكَ؟

5 كَلِماتٌ بَصَرِيَّةٌ أَسْتَطيعُ أَنْ أَقْرَأَها بِسُرْعَةٍ.

1. ذَهَب
2. شَمْس
3. أُمّي
4. أَبي
5. إذن

نَكْتُبُ

1

أ. حَلِّلِ الْكَلِماتِ التّالِيَةَ إِلَى مَقاطِعَ صَوْتِيَّةٍ:

قَلْبي				
مُبْدِعَةٌ				
أَلْصِقُ				

ب. رَكِّبِ الْمَقاطِعَ لِتَحْصُلَ عَلَى الْكَلِمَةِ الْمَطْلوبَةِ.

أَقْ	**لا**	**مي**		
الـ	**قِ**	**صَ**	**صُ**	
مُد	**هِ**	**شَ**	**ةٌ**	

ج. اِسْتَمِعْ لِلْمُعَلِّمِ وَاكْتُبِ الْجُمْلَةَ الْمَطْلوبَةَ بِشَكْلٍ صَحيحٍ.

____

____

2 هَذِهِ الْكَلِماتُ هِيَ في الْمُثَنَّى: اِبْحَثْ في النّصِّ عَنْ مُفْرَدِ كُلٍّ مِنْها ثُمَّ اكْتُبْها.

الْمُثَنَّى	الْمُفْرَد
فنّانَتان	
صَغيرَتان	
مُبدِعَتان	
بابَان	
مُدْهِشَتان	

3 صِلْ كُلَّ مُفْرَدٍ بِالْجَمْعِ الصَّحيحِ.

1. هَذا فنّانٌ	أ. هَؤلاءِ فَنّاناتٌ
2. هَذِهِ فَنّانَةٌ	ب. هَؤلاءِ فَنّانونَ
3. هَذا مُعَلِّمٌ	ج. هَؤلاءِ رَسّاماتٌ
4. هَذِهِ مُعَلِّمَةٌ	د. هَؤلاءِ مُعَلِّمونَ
5. هَذا رَسّامٌ	هـ. هَؤلاءِ رَسّامونَ
6. هَذِهِ رَسّامةٌ	و. هَؤلاءِ مُعَلِّماتٌ

4 حَوِّلِ الْأَفْعالَ التّالِيةَ عَلّى الْمِثالِ الآتي:

أنا أُحِبُّ: نَحنُ نُحِبُّ

أنا أَجِدُ: ______________

أنا أحْمِلُ: ______________

أنا أَرْسُمُ: ______________

أنا أُلْصِقُ: ______________

5 شاهَدْتُ فيلْمًا جَديدًا!

أُكْتُبْ تَقْريرًا عَنْ فيلمٍ شاهَدْتَهُ عَلَى دَفْتَرِكَ الْخاصِّ. يُمْكِنُكَ اِسْتِخْدامُ الْمُخَطَّطِ أَدْناهُ:

مراجعة فيلم	
اسم الفيلم	
هل تنصح صديقك ان يشاهد هذا الفيلم؟ ______	من الأبطال في الفيلم؟ ______ ______ ______ ______
أفضل مشهد أعجبك: ______ ______	
لم يعجبني: ______ ______	

ثَقافَةٌ

تَأَمَّلِ اللَّوحاتِ الَّتي يَسْتَعْرِضُها الْمُعَلِّمُ:

هَلْ يُمْكِنُكَ أَنْ تُعَدِّدَ أَدواتِ التَّلْوينِ الْمُسْتَخْدَمَةَ لِكُلٍّ مِنْها؟

واخْتَرْ لَوْحَتَكَ المفَضَّلَة.

وَقْتٌ أَقْضيهِ مَعَ أَهْلي بِاللُّغَةِ الْعَرَبِيَّةِ

أعزّائي أولياء الأمور،

نتناولُ في هذه الوحدة موضوع "كيف نُعبّرُ مِنْ خلال الفنّ؟".

من خلال العمل على تبسيط هذا المفهوم لتلاميذنا، نعمل على إيصال تلك الفكرة من خلال النص "عندما يبتسم قلبي" وعبر سائل تفاعليّة تابعة له وللمهارات والكفايات الأخرى.

أدعوكم لمتابعة أنشطة الصف والاستماع والاستمتاع باللغة العربيّة مع أبنائكم من خلال ما نوفّره لكم من اقتراحات في هذا القسم من الكتاب.

1. شجّعوا ابنتكم / ابنكم على إحضار رسومه أو لوحات أخرى من مجلّة أو لشخص يعرفه يحبّ الرسم ودعوه يعبّر عن اللّوحة أمام زملائه في الصّفّ.

2. استمعوا لتسجيل ابنتكم / ابنكم في الصّفّ.

3. دعوه يخبركم عمّا كتبه من تعبير في كتابه في الصفّ عن تقرير لفيلم سبق أن شاهده.

تَقْييم

Me and my parents!

Dear Parents,

In this unit of the book: "When my heart smiles"

We target teaching them this concept through the text given for this lesson and through other interactive methods accompanying it and related to the desired targets and goals as well.

We invite you to follow their classroom activities and work with them at home. Listen to their enthusiasm and enjoy with them the process of learning Arabic through the suggestions we offer in this section of the book.

1. Encourage your child to bring his / her own drawings or he / she can get them from some magazines or from a person he / she knows &who got this talent and let him / her talk about the drawing itself to his / her friends in class.
2. Listen to your child's recording we did in class.
3. Let your child tells you about what he / she wrote in his / her book when writing a report about a movie he / she watched already.

Assessment

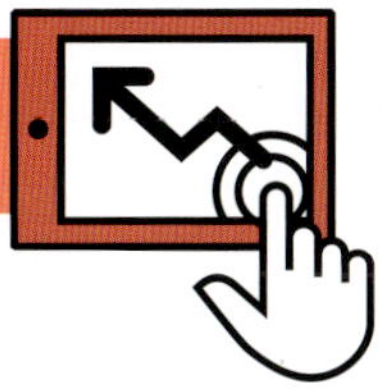

كَيْفَ نُعَبِّرُ مِنْ خِلالِ الطَّبْخِ؟

كَيْفَ نُعَبِّرُ عَنْ أنْفُسِنا مِنْ خِلالِ الطَّبْخِ؟

الْمُفْرَداتُ

1. بالضّبْط
2. اِكْتِشاف
3. أَساليب
4. تَناوله
5. تَتَفَنَّن

للناطقين بغير اللغة العربية

بالعربي

المستوى 3 - الجزء 1

Pearson